봉선잡의

奉先雜儀

봉선잡의

이언적 지음 _ 양동문화연구소 기획
김윤규 · 신상구 · 이지락 옮김

글항아리

회재 이언적의 묘소와 그 아래의 신도비.

옥산서원玉山書院 전경.

옥산서원의 사당祠堂(체인묘體仁廟)과 신도비각神道碑閣.

종택(무첨당無忝堂) 전경과 사당.

회재 이언적과 『봉선잡의奉先雜儀』의 위상

1. 조선 성리학의 기틀을 닦다

회재晦齋 이언적李彦迪(1491~1553) 선생은 조선 중기의 대표적 성리학자다. 본관은 여강驪江이며 자는 복고復古, 호는 회재晦齋·자계옹紫溪翁이다. 조부는 참군을 지낸 이수회李壽會이며, 성균관 유생인 아버지 이번李蕃과 어머니 경주손씨慶州孫氏 사이에서 태어났다. 태어나고 자란 곳은 외가인 경주부 양좌촌(지금의 양동민속마을)이다. 이언적의 초명은 적迪이었으나 중종의 명으로 나중에 언彦을 더하게 되었다.

24세에 문과에 급제한 회재는 이조정랑·사헌부장령·밀양부사를 거쳐 1530년(중종 25)에 사간이 되었다. 이때 김안로金安老의 등용을 반대하다가 관직에서 쫓겨난 것이 계기가 되어 경주의 자옥산에 칩거해 성리학 연구에 전념했다. 1537년 김안로 일당이 몰락한 뒤에 종부시첨정으로 다시 등용되어 홍문관교리·응교·직제학이 되었고, 전주부윤을 할 적엔 선정을 베풀어 송덕비까지 세워졌다. 이조·예조·형조의 판서를 두루 거쳐 1545년(명종 즉위년)에 좌찬성이 되었다. 이때 윤원형尹元衡 등이 을사사화를 일으켰을 때 추관推官이 되어 선비들을 심문하는 일을 맡았지만 자신도 관직에서 물러났다. 1547년 윤원형 일당이 조작한 양재역벽서壁書 사건에 무고하게 연루되어 평안도 강계로 유배되었고, 그곳에서 많은 저술을 남겼으나 63세로 세상을 떠났다.

회재는 조선조 성리학의 기틀을 닦은 인물 중 하나다. 주희朱熹의 주리론적 입장을 정통으로 확립해 성리학의 방향을 잡았는데 스승으로부터 배운 것이 아니라 독자적으로 자신의 학문을 수립했다. 다만 호를 '회재'라 한 것은 회암晦庵(주희의 호)의 학문을 따른다는 견해를 보여주는 것이다.

그는 만년에 유배생활을 하는 동안 큰 업적이 되는 중요한 저술들을 여럿 남겼는데 『봉선잡의奉先雜儀』(1550)는 그 가운데 하나다. 상·하 2권으로 저술된 『봉선잡의』는 『주자가례朱子家禮』를 조선의 제례 풍습에 적용하고 변형시켜 도학의 실천적 규범으로 만들고자 한 노작이다. 주자의 이론을 기틀로 조선의 예서禮書를 제시한 선구적인 책이라 할 수 있다. 회재의 『봉선잡의』는 조선조 후기인 16세기 들어 퇴계학파, 남명학파, 율곡학파, 화담학파 등 여러 예학파가 생겨나는 데 큰 영향을 미쳤다.

2.『봉선잡의』의 등장배경

　유학儒學을 통치이념으로 삼았던 조선사회에서는 다만 정치·제도의 측면에서뿐 아니라, 사회의 풍습까지도 유교 사회로의 전환을 시도했다. 이에 조선사회는 유교적 예제禮制에 의한 국가 체제의 정비와 함께 유교적 예속禮俗의 보급을 통한 예의 사회화를 추구했다.

　이러한 유학의 예치주의禮治主義를 구현하기 위한 노력은, 16세기를 지나면서 차츰 그 결실을 보게 된다. 특히 16세기에 이루어진 성리학의 이론적 발달은, 성리학의 이론을 현실에 실천하는 문제와 연관되어 예학의 발달에 이론적 기반을 제공했고, 이는 17세기 예학의 융성으로 이어져 일명 '예학禮學의 시대'가 전개되었다. 이는 중국의 유학사와는 다른 한국 유학사의 특징이다.

　성리학과 예학은 서로 표리관계를 이루고 있는 것으로, 17세기 예학의 발달은 성리학의 이론적 발달과 맥을 같이 했다. 16세기에 들어와 국가의 체제가 완비되고 사림士林들의 활약이 두드러지게 되자, 성리학적 사고에 입각한 예학에 대한 논의가 더욱 활발해지게 되었다. 즉, 16세기에 융성한 성리학의 이기심성론理氣心性論에 관한

활발한 논의들이 성리학의 이론을 현실에 실천하는 문제와 연관되어 17세기 예학의 발달을 가져오게 한 것이다.[1]

조선 전기까지 예학의 큰 흐름은 국가의례를 정비하는 것이었으며 그 결실은 성종대의 국조오례의國朝五禮儀로 나타났다. 그러나 초기 관학파 유학자들에 의해 완성된 국조오례의는 국가예식의 수립을 위한 것이었으므로 일반 사인과 서인들의 일상적 가정의례와는 거리가 있었다.

조선 중기에 접어들어 유교윤리가 일상생활 속에 정착되고 성리학에 대한 이해가 깊어지면서 가정의례가 본격적으로 논의되기 시작했다. 이는 조선 중기에 들면서 유교윤리가 생활화되었을 뿐만 아니라, 예학의 이론적 바탕이 되었던 성리학 연구가 일정 수준에 도달했기 때문이다. 이렇게 볼 때 학계에서는 대개 그 시초를 회재의 『봉선잡의』와 하서河西 김인후金麟厚(1510~1560)의 『가례고오家禮考誤』에서 찾는다.

이 두 예서는 특히 주자가례의 평가에 있어서 그 입장을 달리하고 있다. 하서의 『가례고오』에는 주자가례를 최선의 예서로 보고 잘못된 부분이나 해석상의 차이만을 문제 삼는 입장이었던 반면, 이언적의 『봉선잡의』는 비록 주자가례를 존중하지만 국속國俗과 인정人情을 절충해서 시의時宜를 얻고자 하는 입장을 취하고 있다는 것이다. 실제 의례상의 판단과 현실에서의 실행은 반드시 일치하기 어려

---

1 도민재, 「기호학파의 『주자가례』 수용양상」, 『국학연구』 16, 한국국학진흥원, 2010.

운 점이 있었다. 대대로 내려오던 습속을 하루아침에 바꿀 수가 없다면 인정하는 상태에서 절충을 시도하는 것은 어떻게 보면 지극히 당연한 일이다. 회재가 『봉선잡의』에서 명절날 아침 일찍 가묘에서 천식薦食을 한 다음 묘소에 가서 상을 차려 배례하는 것이 좋겠다는 절충안을 제시하고. 만약 묘소가 멀리 떨어져 있을 경우에는 2~3일 전에 묘소에 가서 배례하는 것을 허용한 것은 현실을 고려한 조처였던 것이다.[2] 주자가례에 대한 이 두 예서의 서로 다른 관점은 후대 학자들에 의해 계승되면서 기호예학과 영남예학으로 발전했다.[3] 이 발전은 조선 후기로 가면서 더욱 세밀하게 진행되어 학파와 가문의 특징을 가진 가례실현으로 나타났다.[4] 이런 변화와 발전을 선도한 『봉선잡의』에서 회재는 『주자가례』와 시속 사이의 차이에 대하여 합리적으로 조정하려는 문제의식과 함께, 『예기禮記』를 중심으로 예의 본질을 탐구하고 의례과정에서 실현하려는 문제의식 또한 『봉선잡의』에 반영하고 있다. 『예기』를 통한 가례의 탐색은 권근의 『예기천견록禮記淺見錄』에서 비롯하는 조선 초기 예학의 경향을 계승하는 것이었다.[5]

2 우인수, 「17세기초 경당 장흥효 가문의 제사 관행」, 『국학연구』 21, 한국국학진흥원, 2012.
3 김종석, 「성호 이익에 있어서 퇴계 예학의 계승과 변용」, 『동아인문학』 10, 2006.
4 고영진, 「16~17세기 예학의 지역적 분화과정과 그 특징」; 이원택, 「17세기 복제예송의 지역적 확산과 그 의의」; 장동우, 「조선 후기 家禮 담론의 등장 배경과 지역적 특색」; 김미영, 「영남예학 家家禮 사례 연구」, 이상 한국국학진흥원 학술대회, 『조선후기 예학의 지역적 전개양상과 그 특징』(2008)에 수록.

3. 『봉선잡의』의 특징과 의의

회재가 편찬한 『봉선잡의』의 성격과 구성, 역사적 배경과 의미 등에 대해서는 최근 학계에 여러 편의 연구가 보고되어 있다.[6]

『봉선잡의』는 제례祭禮에 관한 책으로서 주자가례를 중심으로 여러 학자들의 예설禮說을 모아 당시 실정에 맞도록 편집한 것이다. 그러므로 이 책은 우리 풍속에 가례를 어떻게 적용시켜나갈 수 있는지를 여실히 보여주는 예서로서 최초의 구체적인 성과물이다. 주자가 『가례』를 찬술하면서 송대의 습속을 많이 참조한 것처럼, 회재 또한 주자의 가례를 기본으로 삼아 16세기 중반 조선의 풍속과 제도를 많이 반영하고 있다. 예를 들면 3대 봉사를 기술하고 있다든가, 꿇어앉는 자세를 기록한 것이나, 고비考妣 합설을 설명하고, 명절의 묘제를 설명한 것 등에서 국제國制를 수용하는 태도를 보이고 있는 것이다.

또한 무조건적인 주자 존숭의 자세로 그것을 조선사회에 그대로 적용하지는 않았는데, 이러한 사실은 후대에 나온 조선의 예서들이 가례의 편차를 그대로 좇고 절목마다 의미를 부여하여 온전히 따를 것을 주장한 것과는 차이가 있다. 이는 『봉선잡의』가 사례四禮 중에서도 제례祭禮 부분만 다루면서 시속에서 행하지 않는 초조제와 선조제는 제외했다는 점에서도 잘 드러난다. 이렇게 기술된 이유는

---

5 도민재, 「회재 이언적의 예학사상 연구『봉선잡의』를 중심으로」, 『동양철학연구』 35, 동양철학연구회, 2003.

6 김순미, 「회재 이언적의『봉선잡의』연구」, 『민족문화』 제43집, 2014 등

가례 전반에 대한 연구를 진행하기 전이기도 하지만, 제례가 일상생활에서 가장 빈번하게 일어나는 것이기 때문이기도 하며, 실제로 정비되지 않은 제례의 번잡한 격식과 논의들에 대해 철학적으로 정비할 필요를 느꼈기 때문이기도 하다. 그 결과 회재의 『봉선잡의』는 제례 시행에서 명목적이고 절차적인 세목에 대해서는 잘게 다루지 않고, 제례의 철학적 의미와 참제자의 정신적 태도에 대해 더 많은 서술을 보이게 되었다.

『봉선잡의』는 각 가문마다 혹은 가정마다 자율적으로 제례를 시행할 수 있도록 대체大體의 제례 절차만 제시하고 있기 때문에 후대의 예서가 형식화, 복잡화, 세밀화되는 것과 차이를 보인다. 오늘날 각 집안의 상황에 따라 봉사의 대수나 제례의 형식, 제수 음식, 합설 문제 등이 다변화되고 있는 현실에서 『봉선잡의』의 가치를 되돌아보는 것은 의미가 깊은 것으로 보인다.

국립중앙도서관에 소장되어 있는 『봉선잡의』는 목판본이며 상·하권 1책에 총 25장으로 구성되어 있다. 상권은 11장으로 구성되어 있고 하권은 13장이며 이 가운데 1장은 발문이다.

『주자가례』의 첫 장이 「사당」으로 시작되는 것과 마찬가지로 『봉선잡의』도 이 순서를 따르고 있다. 회재는 「사당」을 책의 첫머리에 놓고 사시제·녜제·기일제·묘제의 순서로 서술하고 있다. 사당은 유가의례의 중심이 되는 곳이기 때문에 비교적 사당에서의 행례절차

는 자세히 기술하고 있으며, 분량으로 볼 때 상권 22쪽 가운데 10쪽 분량을 차지한다. 그리고

제례 절차는 대동소이하므로 맨 처음 기술한 사시제의 행례 절차는 자세히 기술했으며, 다음에 나오는 녜제와 기일제는 1면을 할애했고, 묘제에는 3면을 할애했다.

『봉선잡의』 하권에서는 앞서 밝힌 것처럼 『예기禮記』의 「제의祭義」와 「제통祭統」, 그리고 공자의 『논어論語』에서 인용한 제례의 의미에 대해 서술하고 있는데, 총 25장 가운데 13장이나 여기에 할애하는 것으로 볼 때 제례의 형식만큼이나 예의 본질을 비슷한 무게로 중시하고 있다. 나머지 부분에서는 방각方愨, 황간黃幹, 장재張載, 마단림馬端臨, 보광輔廣, 섭몽득葉夢得, 육전陸佃, 진호陳澔, 범조우范祖禹 허국許國 등 송대 예학자들의 이론을 시의적절하게 발췌하여 보여주고 있다. 즉 『봉선잡의』의 상권이 실용성에 중점을 뒀다면 하권은 사상적 입장을 주요하게 보여준다고 할 수 있다. 예학의 부흥기라 할 수 있는 17~18세기에 간행된 가례서들이 대체로 행례 절차 위주로 구성되었다는 점을 상기할 때, 우리나라 최초로 예서의 형태를 갖춘 『봉선잡의』가 이러한 구성을 갖추고 있다는 것은 매우 예외적인 특징이며, 조선 예학사에서도 중요하게 평가되고 있다.

『봉선잡의』는 우리나라 풍속에 가례를 어떻게 적용시켜나갈 수 있는지를 여실히 보여주는 책이라는 점, 예의 형식과 본질을 모두

다루고 있다는 점, 우리나라에서 예서禮書 형태를 갖춘 최초의 책이라는 점에서 큰 의의를 갖는다. 더불어 후대에 나온 예서들처럼 무조건적인 가례존숭의 자세가 아니라 제례 절차의 정비와 제례의 본질 찾기에 초점을 맞춘 예학자의 사상도 엿볼 수 있다는 점에서 다시 한 번 제대로 된 평가를 받을 필요가 있다.

회재의 이런 사상은 가례와의 비교를 통해 저술 곳곳에 녹아있음이 드러났는데, 김순미 교수는 최근의 논문에서 회재가 『봉선잡의』를 기술하면서 제례에 대한 큰 틀만 제시하고 소소한 행례절차나 찬품의 수, 명칭 따위를 언급하지 않은 이유를 세 가지 정도로 추정해보고 있다. 첫째, 제사지내는 목적인 슬픔과 공경이라는 본질에 더 힘쓰도록 하기 위해서이다. 둘째, 가례를 근본으로 하였기 때문에 『봉선잡의』에 언급하지 않은 나머지는 실행 주체의 지위와 능력에 따라 융통성을 발휘하여 가례를 따르도록 한 것이다. 셋째, 후대의 예서들이 미완인 가례를 보완하는 과정에서 소소한 것들까지 모두 문자화함으로써 번문욕례繁文縟禮라고 지적받은 것에서 알 수 있듯이 대체大體만 서술하여 시의 적절하게 실천이 용이하도록 그 실천가능성을 높인 것이다.

회재의 『봉선잡의』는 본질과 형식의 조화를 추구하고 있는 것이 특징이다. 예의 본질에 어긋나지 않으면 생활과 문화에 적용하여 실행하는 것이 합리적이라고 설명하고 있다. 이는 회재 자신의 학문적

검토와 사색을 거친 것이므로 매우 합당한 것이거니와, 일상생활에서 선조를 추모하면서 자신을 다잡아가는 성리학적 삶의 성실성을 이끌어준다는 점에서 현대적 의의도 찾을 수 있다.

4. 이번 국역판에 대하여

이번 국역판은 양동문화연구소에서 기획한 전통가례 연구 중 제례 연구의 일환으로 진행된 것이다. 『봉선잡의』는 그간 연구자들 사이에서 원문으로 읽혀져 왔는데, 국역되어 출판되는 것은 이번이 처음이다. 이번 국역본에서는 회재의 원문과 체제를 충실히 따랐으며 직역 위주로 옮겼지만 필요한 부분에서는 쉽게 읽힐 수 있도록 말을 부드럽게 바꾸었다. 이 해제는 선행 연구자의 연구업적을 전적으로 참고했으며, 이 역본을 통하여 향후 연구성과가 축적되면 이를 더욱 충실히 집약하여 보고할 예정이다.

2014년 12월

김윤구·신상구·이지락

【 차 례 】

봉선잡의 奉先雜儀

상上

사당을 정침의 동쪽에 세워서 선대의 신주를 모신다
立祠堂於正寢之東 以奉先世神主

—

　사당의 제도는 삼간이다. 중문中門의 밖에 두 계단을 만들어 동쪽은 조계阼階라 하고 서쪽은 서계西階라 한다. 신주神主는 모두 주독主櫝에 모셔서 교의交椅 위에 둔다. 각각 하나의 감실龕室을 만들어 남쪽을 향하고 밖에는 작은 주렴을 드리운다. 주렴 밖에 향로상을 집의 중심에 마련하고 향로香爐와 향합香盒을 그 위에 둔다. 또 유서遺書와 의물衣物을 보관하는 제기고祭器庫 및 신주神廚[1]를 그 동쪽에 만든다. 담장을 빙 둘러 치고 별도의 바깥문을 만들되, 늘 자물쇠로 잠가 아이나 아랫사람들이 함부로 가까이하지 못하도록 한다. 만약 집이 가난하거나 땅이 좁다면 단지 한간만 세우고 제기고와 신주는 세우지 않는다.

　무릇 집의 제도는 남쪽이 앞이 되고 북쪽이 뒤가 되며 동쪽이 왼쪽이 되고 서쪽이 오른쪽이 되니, 이후로는 다 이를 모방한다.

1　신주神廚 : 제사를 지낼 적에 제수祭需로 쓰는 음식을 만드는 주방이다.

무릇 사당이 있는 종택은 종손이 대대로 지키며 나누지 못한다.

방친 중에 후사가 없는 사람은 그 항렬에 따라 부사한다
旁親之無後者 以其班祔

—

　백부모·숙부모[伯叔父母]는 증조할아버지에게 부사祔祀하고, 아내 및 형제 및 형제의 아내는 할아버지에게 부사하고, 자질子姪은 아버지에게 부사하는데, 모두 서쪽을 향한다. 주독主櫝의 제도는 모두 정위正位와 같이 한다. 조카의 아버지가 스스로 사당을 세운다면 옮겨서 종사從祀한다.

　정자程子가 말했다. "복服이 없는 상殤(7세 이하의 죽음)은 제사를 지내지 않고, 하상下殤(8~11세에 죽음)의 제사는 부모가 살아있을 때까지 지내고, 중상中殤(12~15세에 죽음)의 제사는 형제가 살아있을 때까지 지내고, 장상長殤(16~19세에 죽음)의 제사는 형제의 아들이 살아있을 때까지 지내고, 성인이나 후사가 없는 경우는 형제의 손자가 살아있을 때까지 제사지낸다. 이는 마땅함을 따라 정한[義起]² 것이다."

2　마땅함을 따라 정한 : 예문禮文에 없더라도 이치를 참작하여 새로이 예禮를 만드는 것을 말한다. "예라는 것은 의의 실질이다. 의에 맞추어서 맞으면 예가 비록 선왕 때에 없는 것일지라도 마땅함을 따라 정할 수 있다[禮也者 義之實也 協諸義而協 則禮 雖先王未之有 可以義起]"에서 온 말이다. (『禮記』「禮運」)

8세에서 11세까지 하상이고, 12세에서 15세까지 중상이고, 16세에서 19세까지 장상이다.

제전을 마련하고 제기를 갖춘다
置祭田 具祭器

—

사당을 처음 세운다면 소유하고 있는 전답을 계산하여 20분의 3을 취하여 제전祭田으로 삼는다. 종자宗子가 관리하며 제사에 쓰이는 것을 공급한다. 상석牀席(평상과 자리)과 의탁倚卓(의자와 탁자)이며 술과 음식을 담는 그릇은 쓰는 숫자대로 마련하여 모두 제기고 안에 두되, 자물쇠로 문을 잠가서 달리 쓰지 못하도록 한다. 제기고가 없다면 상자 속에 담고, 담을 수 없는 것은 바깥문 안에 늘어놓는다.

주인은 새벽에 대문 안에서 배알하고
새로운 물건이 있다면 올린다
主人 晨謁於大門之內 有新物則薦之

—

주인은 종자를 말한다. 주제자가 새벽에 배알할 적에는 심의深衣 차림으로 분향焚香하고 재배再拜한다. 새로운 물건이 있다면 소반에 담아 올리는데, 주독을 열어놓고서 분향하고 재배한다.

사마온공司馬溫公의 『서의書儀』「영당잡의影堂雜儀」에 제철의 새로운 물건이라면 먼저 영당에 올린다는 문구가 있다.

출입에 반드시 고한다
出入必告

—

주인과 주부가 가까운 곳으로 나간다면 대문에 들어서서 첨례瞻禮(우러러 공손히 인사함)를 하며, 다녀와서도 그렇게 한다. 하루 자고서 돌아온다면 분향하고 재배한다. 멀리 나가서 열흘이나 한 달 이상을 넘긴다면 재배하고 분향한 뒤 "아무개가 장차 어느 곳으로 가려고 하면서 감히 고합니다"라고 고하고는 또 재배하며, 다녀와서도 그렇게 한다. 다른 사람도 또한 그러하다.

주부는 주인의 아내다. 무릇 오르고 내리면서 주인만이 조계阼階를 사용하고, 주부 및 다른 사람은 비록 존장이라도 서계西階를 사용한다.

혹자가 "예전에 부인은 숙배肅拜가 올바르다고 했는데 무엇을 숙배라고 합니까?"라고 물으니, 주자朱子가 "두 무릎을 가지런히 꿇고서 손은 땅에 닿고 머리는 숙이지 않는 것이 숙배다"라고 말했다. 장자張子가 "부인이 절하며 예전에는 머리를 숙여 땅에 닿으니, 숙배다. 지금은 다만 무릎을 꿇고 몸을 세우니, 마땅함을 잃었다"라고 말했다.

정正(원단), 지至(동지), 삭朔(초하루), 망望(보름)에는 참배한다

正至朔望則參

—

    하루 전날 청소를 하고 제숙齊宿[3]한다. 이튿날 아침 일찍 일어나 사당 문을 열고 주렴을 말아 올린다. 각 감실마다 소과를 담은 하나의 큰 쟁반을 상 위에 진설한다. 각 신위에 찻잔받침[茶盞托]과 술잔받침[酒盞盤]을 신주의 주독 앞에 각각 하나씩 둔다. 띠 풀을 묶고 모래를 모아[束茅聚沙][4] 향로상 앞에 놓아둔다. 별도로 한 상을 조계阼階 가에 마련하고는 술 주전자와 술잔받침 하나는 그 위에 놓아두고 술 한 병은 그 서쪽에 둔다. 세숫대야[盥盆]와 수건 각각 두개를 조계 아래의 동남쪽에 둔다.

    주인 이하는 복장을 갖추고 문으로 들어와 각자의 자리로 나아간다. 주인은 조계의 아래에서 북쪽을 향하여 서고, 주부는 서계의 아래에서 북쪽을 향하여 선다. 주인의 어머니가 있다면 주부의 앞

---

3 제숙齊宿 : 행사를 거행하기 전날 목욕재계하고 재소齋所에서 하룻밤을 보내는 것을 말한다.
4 띠 (…) 모아[束茅聚沙] : 『가례집설』을 살펴보면, 어떤 사람이 속모취사가 모래를 땅에 모아 놓고서 띠 묶음을 그 모래에 세우는 것인지를 묻자, 주자가 그렇다고 대답하는 대목이 나온다.

에 특별히 자리를 마련한다. 주인의 제부諸父와 제형諸兄이 있다면 주인의 오른쪽 조금 앞에 특별히 자리를 마련하여 두 줄로 자리하되 서쪽이 상석이다. 제모諸母와 고모·형수·누이가 있다면 주부의 왼쪽 조금 앞에 특별히 자리를 마련하여 두 줄로 자리하되 동쪽이 상석이다.

제제諸弟의 자리는 주인의 오른쪽에 조금 물러나 있으며, 자손과 남자 집사는 주인의 뒤에 두 줄로 자리하되, 서쪽이 상석이다. 주인의 아우의 아내 및 제매諸妹는 주부의 왼쪽에 조금 물러나 있으며, 자손의 아내와 여자 집사는 주부의 뒤에 두 줄로 자리하되 동쪽이 상석이다.

정해진 자리에 서면 주인은 손을 씻고 수건으로 닦은 뒤 올라 홀을 꽂고서 주독主櫝을 열어 여러 고위考位의 신주를 받들어 주독의 앞에 두며, 주부는 손을 씻고 수건으로 닦은 뒤 올라 여러 비위妣位의 신주를 받들어 고위의 동쪽에 둔다. 차례대로 부주祔主(조상과 함께 모신 신주)를 모셔내면서 또한 그렇게 하는데, 자제들에게 시켜서 손을 씻고 수건으로 닦은 뒤 올라가 항렬이 낮은 부주부터 나누어 모셔낸다.

모두 마치면 집사가 쟁반에 어육魚肉과 미면식米糆食이며 반갱飯羹 등을 담아 올린다. 주인과 주부는 차례대로 여러 고위와 비위 앞에 진설한다. 주부 이하는 먼저 내려가 각자 자리로 돌아간다.

주인은 향로상 앞으로 나아가 강신降神을 하는데, 홀을 꼽고 분향 한다. 집사는 손을 씻고 수건으로 닦은 뒤 잔에 술을 따라서 주인 의 오른쪽으로 나아간다. 주인이 잔 받침을 받아 왼손으로는 잔 받 침을 잡고 오른손으로는 잔을 잡아서 띠 풀 위에 술을 붓는다. 잔 받침을 집사에게 주고는 홀을 빼어 들고 고개 숙여 엎드렸다가 일어 난다. 조금 물러나 재배하고는 내려와 자리로 돌아와서 자리에 있 는 사람들과 재배하여 참신參神한다.

주인은 올라가 홀을 꼽고 술 주전자를 잡고 술을 따르는데, 정위 正位를 먼저 하고 부위祔位를 다음에 한다. 그리고 맏아들에게 시켜 항렬이 낮은 여러 부위의 잔에 술을 따른다. 주부가 올라가 다선茶 筅(차 가루를 담은 그릇)을 잡으면 집사가 탕병湯瓶을 잡고 따라가 이 전대로 점다點茶[5]를 한다. 맏며느리 혹은 맏딸에게 시켜 또한 이와 같이 한다.

아들과 며느리 그리고 집사는 먼저 내려와 각자 자리로 돌아간

---

5 점다點茶 : 다를 가루로 만들어서 잔속에 넣고 끓는 물로 축인 다음, 솔로 휘휘 젓는 것을 말한다.

다. 주인은 홀을 뽑아 들고 주부와 함께 향로상 앞에 동서로 떨어져 서서 재배하고 내려와 자리로 돌아와서 자리에 있는 여러 사람과 재배하여 사신辭神하고 물러난다.

보름에는 술을 마련하지 않고 주인이 점다를 하면 맏아들이 도운 뒤 먼저 내려간다. 주인은 향로상 남쪽에 서서 재배한다. 나머지는 앞서 의식과 같이 한다.

사마온공의 『서의』「영당잡의影堂雜儀」에 초하루에는 차와 술 그리고 늘 먹던 음식 몇 가지를 갖추고 보름에는 음식을 마련하지 않는다고 했다.
무릇 복장을 갖춤은 벼슬을 했다면 공복公服 차림에 띠를 매고 홀을 꽂으며 공복이 없다면 흑단령黑團領[6] 차림에 사모관紗帽冠을 쓰고 품대品帶[7]를 맨다는 것이다. 벼슬하지 않은 자는 흑단령 차림에 검은 띠를 맨다. 부인은 큰 소매의 윗옷과 긴 치마를 입는다.

6 흑단령黑團領 : 검은 빛깔의 단령을 말한다. 단령은 문무 관원들이 입었던 공복으로 깃이 둥글고 소매가 넓으며 길이는 발뒤꿈치까지 내려오는 위아래가 붙은 포袍를 말한다.
7 품대品帶 : 벼슬의 품계에 따라 벼슬아치가 공복公服에 갖추는 띠를 말한다. 정1품·종1품은 서대犀帶, 정2품은 금대金帶, 종2품은 학정금대鶴頂金帶, 정3품부터 종6품까지는 은대銀帶, 정7품 이하는 오각대烏角帶를 매었다.

속절에는 제철 음식을 올린다
俗節則獻以時食

—

　절기는 한식寒食·단오端午·중추中秋·중양重陽 같은 유이니, 모두 고장의 풍속에 기리는 일이다. 시절 음식은 모두 그 절기에 높이는 것이다. 큰 쟁반에 담아 올리는데 더러는 채소와 과일도 올리며 예식은 원단과 동지와 초하루의 의식과 같이 한다.

　주자가 말했다. "오늘날 속절은 예전에 없던 일이다. 그러므로 옛날 사람은 비록 제사지내지 않았으나 심정이 또한 그냥 편안했다. 오늘날 사람은 이미 이 날을 소중히 여겨서 이 날이 되면 반드시 여러 음식을 장만하여 서로 마음껏 즐기며, 그 계절의 음식 또한 각각 마땅함이 있었다. 그러므로 세속의 정리에 이 날이 되어 그 조상을 생각하지 않을 수 없기에 다시 그 음식으로 드린다. 비록 예의 바름은 아니나 또한 인정으로 보아 그만둘 수 없는 일이다.

또 옛날 사람이 제사지내지 않았고 보면, 감히 잔치를 열지 못했다.[8] 더구나 오늘날 이 속절에 벌써 경전에 근거하여 제사를 그만두고도, 살아 있는 자는 먹고 마시며 마음껏 즐기기를 세속을 따라 그대로 하니, 죽은 이 섬기기를 살아 있는 이와 같이 하며 없는 이 섬기기를 있는 이와 같이 한다는 뜻이 아니다."

살펴보니, 세속에 원단·한식·단오·추석에는 모두 산소로 가서 성묘하고 있어서, 오늘날 한 쪽만을 그만둘 수는 없다. 이 날 새벽 사당에 나아가 음식을 올린 뒤 이어 산소 앞에 가서 제수를 차려놓고 절하면 된다. 만약 산소가 멀다면 이삼일 앞서 산소에 가서 제숙齊宿한 뒤 제수를 차려놓고 절하는 것도 괜찮다.

8 제사지내지 (…) 못했다 : "감히 제사지내지 못했다면 감히 잔치하지 못한다[不敢以祭 則不敢以宴]"에서 유래한다. (『孟子』「滕文公 下」)

일이 있다면 고한다

有事則告

—

    원단·초하루·동지의 의식과 같이 한다. 다만 차와 술을 올리고 재배한다. 마치면 주부는 먼저 내려와 자리로 돌아온다. 주인이 향로상의 남쪽에 꿇어앉으면 축관이 축판을 들고 주인의 왼쪽에 꿇어앉아 독축하고 마치면 일어난다. 주인은 재배하고 내려와 자리로 돌아온다. 나머지는 모두 같다.

    관직을 제수 받고 고하는 축판에, "어느 해 어느 달 초하루에 효자 모관 모孝子某官某는 고 모친모관봉시부군故某親某官封諡府君과 고 모친모봉모씨故某親某封某氏께 밝게 고합니다. 아무개는 어느 달 어느 날 은혜를 입어 모관某官에 제수되었습니다. 선훈先訓을 받들어 녹위祿位를 받았으니, 여경餘慶9의 미친 바입니다. 느꺼워 사모하는 마음을 감당하지 못하겠습니다. 삼가 술과 과일을 차리고 정성을 펴 경건히 고합니다"라고 쓴다. 폄강貶降되었다면, "모관에 폄강되어 선훈을

---

9 여경餘慶 : 선조의 음덕陰德 덕분에 자손이 번창하는 것을 말한다. "선을 쌓은 집안에는 반드시 남은 경사가 있다[積善之家 必有餘慶]"에서 온 말이다. (『周易』「坤卦·文言傳」)

실추시켰으니, 황공하여 몸 둘 데가 없습니다"라고 말하며 삼가 이후는 같다. 만약 아우나 아들이라면, "아무개의 모모某某[10]는"이라고 말하고 나머지는 같다.

　추증을 고한다면 단지 추증 받은 바의 감실에만 고유하니, 향로상을 따로 해당 감실의 앞에 마련한다. 또 그 동쪽에 하나의 탁자를 마련하여 맑은 물[淨水]·분 그릇[粉盞]·쇄자[刷子][11]·벼루[硯]·먹[墨]·붓[筆]을 그 위에 둔다. 그 나머지는 같이 한다. 다만 축판에, "어느 달 어느 날에 교서를 받드니, 고 모친故某親은 아무 관직[官]으로 고 모친故某親은 아무 벼슬[封]로 증직했습니다. 아무개가 선대의 가르침을 이어받아 조정에서 벼슬을 했습니다. 삼가 은전을 받들어 이러한 포증襃贈이 있으나 녹봉으로 봉양 드리지 못하여 비통한 마음 감당하기 어렵습니다"라고 쓴다. 이후는 같다. 만약 일로 인하여 특별히 추증되었다면 따로 글을 지어 그 의미를 서술한다.

　고유를 마치면 재배를 한다. 주인은 나아가 신주를 받들어 탁자 위에 둔다. 집사는 예전의 글자를 씻어내고 따로 분을 바른 뒤 마르기를 기다린다. 글자를 잘 쓰는 사람에 명하여 추증 받은 관봉官封으로 개제를 한다. 함중陷中은 고치지 않는다. 물을 뿌려 사당의 사방 벽을 청소한다. 주인은 신주를 받들어 예전 자리로 모시고 바로 내려와 자리로 돌아온다. 이후는 같다.

038　관례나 혼례 및 적장자嫡長子를 낳으면 모두 고유하는 예가 있다.

10　모모某某 : 앞의 모에는 관계를 쓰고 뒤의 모에는 자신의 이름을 쓴다.
11　쇄자刷子 : 더러운 것을 문질러서 지우는 도구다. 여기서는 신주神主 주면의 글자를 지우는 데 쓰는 도구를 말한다.

『주자가례』에 자세히 보인다.

　　사유를 고하는 축은 여러 고위와 비위를 하나의 판에 함께 쓴다. 자칭自稱은 최존자最尊者를 위주로 하기 때문에 정위正位에만 고하고 부위祔位에는 고하지 않는다. 차와 술은 함께 진설한다.

더러 수재와 화재나 도적을 당한다면 먼저 사당을
구하는데, 신주와 유서를 옮기고 다음으로 제기를
꺼낸 연후에 집안의 재물을 옮겨낸다. 세대가 바뀌면
신주를 개제하고 체천한다

或有水火盜賊則先救祠堂 遷神主遺書 次及祭器然後 及家財
易世則改題主而遞遷之

—

『주자가례』를 살펴보면, 대종가에서 시조가 친진親盡[12]한다면 그
신주를 묘소의 곁 사당에 보관한다. 그러나 대종손이 여전히 그 묘
전墓田을 관리하여 그 묘제를 받들기 때문에 해마다 종인들을 이끌
고 한 번 제사지내기를 백세토록 바꾸지 않는다. 제2세 이하 조상
이 친진하거나 소종가의 고조할아버지가 친진한다면 그 신주를 옮
겨 묻는다. 그 묘전은 여러 위들이 차례로 관리하며 해마다 그 자손
들을 이끌고 함께 제사지내기를 또한 백세토록 바꾸지 않는다.

　　　양씨楊氏가 말했다. "『주자가례』에 시조가 친진한다면 그 신주를

12　친진親盡 : 조상의 제사를 받드는 대수代數가 다 되는 것을 말하는데, 임금은 5대, 기타는
4대까지 조상의 제사를 지내는 것이 보통이다.

묘소의 곁 사당에 보관한다 했고, 상례장喪禮章과 대상장大祥章에 또 만약 친진의 조상에게 별자別子(적장자 이외의 아들)가 있다면 축판으로 아뢰고 고유가 끝나면 묘소로 옮기고는 묻지 않는다 했다. 대저 그 신주를 묘소의 곁 사당에 보관하거나 묻지 않는다면 묘소에는 반드시 사당이 있어 묘제를 받든다."

사시제
四時祭

—

    증조할아버지의 종통을 계승한다면 증조할아버지 이하의 고위와 비위에 제사지내고, 할아버지의 종통을 계승한다면 할아버지 이하의 고위와 비위에 제사지내고, 아버지의 종통을 계승한다면 고위와 비위 두 분에게 제사지낼 뿐이다.

    혹자가 "예에 대부大夫는 삼묘三廟를 마련하는데, 오늘날 사서인士庶人의 집안에서도 삼대를 제사지내는 것은 예에 어긋납니까?"라고 물으니, 주자가 "비록 삼대에 제사지내더라도 묘우가 없으니 또한 참람하다고 말할 수는 없다"라고 했다.

시제는 중월[13]에 지내는데, 열흘 전에 날을 잡는다
時祭用仲月 前旬卜日

—

중월 30일에서 각 하루를 가리되, 정일丁日로 하거나 해일亥日로 한다. 사당에 나아가서 날을 잡는데, 그 예식은 『주자가례』에 자세히 보인다.

『정씨사선의程氏祀先儀』의 주에 제삿날은 중월 안에서 날을 가린다. 더러 춘분春分·하지夏至·추분秋分·동지冬至로 잡아도 괜찮다.

『주자가례』의 날을 잡는 의식을 살펴보니, 상순上旬이나 중순中旬의 날이 길하지 않다면 바로 하순下旬에서 날을 잡아 사당에 고한다. 만약 이날이 되어 혹 질병에 걸리거나 사고가 나서 제사를 지내지 못한다면 제사는 지내지 않을 수 없고 때에 맞추지 못한다는 염려가 있다. 오늘날 『정씨사선의』의 주석대로 날을 가려 거행한다. 더러 이분二分[14]과 이지二至[15]로 해도 좋다.

---

13 중월仲月 : 사계절의 가운데 달인 2·5·8·11월을 말한다.
14 이분二分 : 춘분春分과 추분秋分을 말한다.
15 이지二至 : 동지冬至와 하지夏至를 말한다.

3일 전날 제계한다
前期三日 齊戒

—

3일 전날 주인主人은 여러 장부丈夫를 이끌어 밖에서 제계를 하고 부인은 여러 부녀婦女를 이끌어 안에서 제계를 한다. 목욕하고 옷을 바꿔 입으며 술을 마셔도 어지러운 지경에 이르지 않으며 고기는 먹어도 냄새 나는 채소를 먹지 못하며 초상에 조문하지 않고 음악을 듣지 않는다. 모든 흉하고 더러운 일에는 모두 참여하지 못한다.

『정씨제례程氏祭禮』에 산제散齊는 이틀을 지내고 치제致齊는 하루를 지낸다고 했다.

『예기』「제의祭義」에, "제계齊戒하는 날 그 거처하던 모습을 생각하며 그 담소하던 모습을 생각하며 그 뜻을 생각하며 그 좋아하던 바를 생각하며 그 즐기던 바를 생각하여 제계한 지 3일에 마침내 그 위하여 제계하던 분을 보게 된다" 했으니, 오로지 제사에 생각을 극진히 하는 것이다.

정자가 말하기를, "이는 효자가 평소에 어버이 생각하는 마음으로 하는 제계가 아니다. 제계는 생각을 용납하지 않으니, 생각이 있으면 제계가 아니다. 제계라는 것은 사람이 담연湛然하고 순일純一해야 바야흐로 귀신과 접할 수 있다"라고 했다.

살펴보니 정자의 논의는 「제의」의 뜻과 다르다. 대개 효자가 평소에 어버이를 생각하는 마음이 참으로 지극하지 않은 바가 없으나, 제사를 지내려고 하면서 그 추모하는 마음을 가지런히 하여 더욱 간절히 한다. 어찌 거처하던 모습, 담소하던 모습, 뜻, 좋아하던 바, 즐기던 바를 생각하지 않을 수 있겠는가? 그러나 이는 바로 산제散齊하는 날에 하는 일이다. 치제致齊하는 날이 되면 담연하고 순일하여 오로지 그 정미하고 밝은 덕을 지극히 해야 마침내 신명神明에 교감할 수 있다.

하루 전날 자리를 마련하고 제기를 진설한다
前一日 設位陳器

一

주인이 여러 장부를 이끌고서 심의深衣[16] 차림으로 집사와 함께 정침正寢을 쓸고 교의와 탁자를 닦는데, 아주 깨끗이 하도록 시킨다. 증조할아버지의 고위와 비위 신주의 자리를 마루의 서북쪽 벽 아래에 남쪽을 향하여 설치하면서 고위의 자리는 서쪽에 비위의 자리는 동쪽에 마련한다. 각각 하나의 교의와 하나의 탁자를 사용하나 합쳐둔다. 할아버지의 고위와 비위의 자리는 차례차례 동쪽에 마련하되 모두 증조할아버지의 자리와 같이 한다. 세대마다 각각 자리를 만들며 붙이지는 않는다. 부위祔位의 자리는 모두 동서東序에서 서쪽을 향하되 북쪽이 상석이다. 더러는 양서兩序에서 서로 마주보도록 하는데, 존위尊位가 서쪽에 자리한다.

향로상을 마루의 가운데 마련하고 향로와 향합을 그 위에 둔다. 띠 풀을 묶고 모래를 담아서 향로상 앞과 각 자리 앞의 바닥 위에 놓는다. 주가酒架를 동쪽 계단 가에 마련한다. 따로 탁자를 그 동쪽

16 심의深衣 : 선비의 웃옷을 말한다. 흰 베로 소매는 넓게 하고 검은 비단으로 가에다 선을 둘렀는데, 허리 위는 네 폭, 허리 밑은 열두 폭으로, 춘하추동 사시와 1년 열두 달을 상징했다.

에 마련하여 주전자〔酒注〕하나, 퇴주그릇〔酹酒盞盤〕하나, 제육그릇〔受
胙盤〕하나, 수저 한 벌, 수건 한 장, 다합茶盒, 다선茶筅을 그 위에 올
려놓고, 화로火爐·탕병湯甁·향시香匙·화저火筯는 서계 가에 놓는다. 따
로 탁자를 그 동쪽에 마련하여 축판을 그 위에 둔다. 세숫대야〔盥盆〕
와 수건 두 장씩을 조계 아래의 동쪽에 놓는다. 음식을 진설할 큰
상을 또 그 동쪽에 마련한다.

희생을 살피고 제기를 씻고 제찬을 장만한다
省牲滌器具饌

—

　주인은 여러 장부를 이끌고서 심의 차림으로 희생을 살피기 위하여 도살장으로 가고, 주부는 여러 부녀를 이끌고서 제기를 세척하고 가마솥을 깨끗이 닦은 뒤 제찬祭饌을 장만한다. 제찬은 각 위位마다 과일 여섯 가지, 나물과 포와 식혜 각각 세 가지, 어육魚[肉]과 미면식米麵食 각각 한 그릇, 국과 밥 각각 한 주발, 간肝 각각 한 꼬치, 고기 각각 두 꼬치를 마련하되, 힘써 정갈히 하도록 시킨다. 제사 지내기 전에 사람이 먼저 먹거나 고양이·개·벌레·쥐에게 더럽혀지지 않도록 시킨다.

이튿날 새벽 일찍 일어나
나물과 과일이며 술과 음식을 진설한다
厥明夙興 設蔬果酒饌

一

　　주인 이하가 심의 차림으로 집사와 함께 제소祭所로 나아간다. 손을 씻고 각 위位마다 탁자 남쪽 끝줄에 과일 그릇을 차리고, 나물과 포. 식해를 서로 사이사이에 섞어 다음 줄에 차린다. 잔 받침[盞盤]과 초 그릇[醋楪]은 북쪽 끝줄에 차리되, 잔 받침은 서쪽에 초 그릇은 동쪽에 놓는다. 시저匙筋는 가운데 놓는다. 현주玄酒 및 술은 각각 한 병을 시렁 위에 둔다. 현주는 그날 정화수井華水를 떠서 채운 뒤 술병 서쪽에 둔다. 화로에는 숯불을 피우고 병에는 물을 담아둔다. 주부는 불을 때 제찬을 데우되, 모두 아주 뜨겁게 데운다. 합에 담아 내와서 동계東階 아래의 큰 상 위에 놓는다.

날이 새면 신주를 받들어 위에 나아간다
質明 奉主就位

一

　주인 이하는 각각 복장을 갖추고서 손을 씻고 닦은 뒤 사당 앞에
이른다. 여러 장부는 초하루 고유 의식과 같이 늘어선다. 제자리에
서면 주인은 조계階階로 올라가 홀을 꽂고 분향을 한다.

　홀을 꺼내어 고유한다. "효손 아무개는 이제 중춘의 달에 증조고
모관부군曾祖考某官府君, 증조비모봉모씨曾祖妣某封某氏와 조고모관부군
祖考某官府君, 조비모봉모씨祖妣某封某氏와 고모관부군考某官府君, 비모봉
모씨妣某封某氏께 일이 있어 모친모관부군母親某官府君, 모친모봉모씨某
親某封某氏를 부식祔食하고서 감히 청컨대, 신주를 정침正寢으로 모셔
서 공경히 전헌奠獻드리려고 고사告辭합니다." 중하仲夏·중추仲秋·중
동仲冬에는 각각 그 시기를 따라 고쳐 쓴다.

　고유를 마치고나서 홀을 꽂고 주독主櫝을 거두어 정위正位와 부위
祔位를 각각 하나의 상자에 담아 각각 집사 한 사람에게 받들도록 한
다. 주인은 홀을 빼서 들고 앞을 인도하여 정침에 이르러 서계의 탁

자 위에 둔다. 주인은 홀을 꽂고 주독을 열어 여러 고위考位의 신주를 받들어 자리로 모시고, 주부는 손을 씻고 수건으로 닦은 뒤 올라서 여러 비위妣位의 신주를 받들어 또한 그렇게 한다. 부위는 자제子弟 중에 한 사람이 받든다. 다 마치면 주인 이하는 모두 내려와 자리로 돌아온다.

『정씨제례程氏祭禮』를 살펴보니, 주제자는 손을 씻고 수건으로 닦은 뒤 사당으로 가서 여러 위位의 신주를 받들어 받침에 두고는 자제들에게 각각 한 사람씩 신주를 받들어 제소祭所에 이르도록 시키고, 주부 이하는 가지 않는다고 했다.

참신을 한다
參神

—

　　주인과 주부 이하는 의식과 같이 늘어선다. 제자리에 서면 재배
再拜 한다.

강신을 한다
降神

—

    주인이 올라가 홀을 꽂고 분향하고는 조금 물러나 꿇어앉는다. 집사가 술병을 열어 수건으로 병 입구를 닦은 뒤 술을 술잔에 따라서 꿇어앉은 채 주인의 오른쪽으로 나가면 주인이 받는다. 왼손으로는 잔대를, 오른손으로는 잔을 잡고 모사茅沙 위에 술을 부은 뒤 잔대와 술잔을 집사에게 건네준다. 홀을 꺼내 쥐고 엎드렸다가 일어나 재배하고 내려와 자리로 돌아온다.

    양씨楊氏가 말하기를 "강신하고 술을 모사에 부을 적에는 잔을 다 기울인다. 초헌에는 고조할아버지 할머니의 잔을 취하여 제사지낸다. 모사 위에 붓는 것은 신을 대신하여 지내는 제사다. 예에 제주를 땅에 조금 붓고 제식을 제기 사이에 차리는 것은 모두 신을 대신하여 지내는 제사다"라고 했다.

제수를 올린다
進饌

一

주인이 올라가면 주부는 뒤를 따른다. 집사 한 사람은 소반으로 어물魚物과 육물肉物을 받들고, 한 사람은 소반으로 미식米食과 면식麪食을 받들고, 한 사람은 소반으로 국과 밥을 받들고 따라 오른다.

증조할아버지의 신위 앞에 이른다. 주인은 홀을 꽂고 육물을 받들어 술잔의 남쪽에 올리며, 주부는 면식을 받들어 육물의 서쪽에 올린다. 주인은 어물을 받들어 초 그릇의 남쪽에 올리며, 주부는 미식을 받들어 어물의 동쪽에 올린다. 주인은 국을 받들어 초 그릇의 동쪽에 올리며, 주부는 밥을 받들어 술잔의 서쪽에 올린다. 주인이 홀을 꺼내 쥐고 차례로 여러 정위正位에 제수를 진설하고는 여러 자제를 시켜 각기 부위祔位에 제수를 진설한다. 진설이 다 끝나면 주인 이하는 모두 내려와 자리로 돌아온다.

초헌을 한다
初獻

—

주인이 올라가 증조할아버지와 할머니의 신위 앞에 이른다. 집사자 한 사람이 술 주전자를 들고 그 오른쪽에 선다.(겨울철에는 술을 먼저 데운다.) 주인이 홀을 꽂은 뒤 증조할아버지의 잔대와 술잔을 받들고 신위 앞에서 동쪽을 향하여 서면 집사가 서쪽을 향하여 술잔에 술을 따른다. 주인이 술잔을 받들어 이전의 자리로 올린다. 다음에 증조할머니의 잔대와 술잔을 받들고 또 그렇게 한다.

신위 앞에서 북쪽을 향하여 꿇어앉으면 집사 두 사람이 증조할아버지와 증조할머니의 잔대와 술잔을 받들고 주인의 좌우에 꿇어앉는다. 주인이 증조할아버지의 잔대와 술잔을 받아 모사茅沙 위에 붓는다. 잔대와 술잔을 집사자에게 건네주어 이전의 자리에 갖다 놓는다. 증조할머니의 잔대와 술잔을 받아 또 그렇게 한다.

홀을 꺼내 쥐고 엎드렸다가 일어나 뒤로 조금 물러나서 꿇어앉으면 집사가 간肝을 화로에 구워서 접시에 담는다. 형제 중 나이 많은

한 사람이 간 그릇을 받들어 증조할아버지와 증조할머니의 앞에
올린다.

  축관이 축판을 들고 주인의 왼쪽에 꿇어앉아 축을 읽는다. "유년
세월삭일維年歲月朔日에 자효증손모관모子孝曾孫某官某는 감히 증조고모
관부군曾祖考某官府君과 증조비모봉모씨曾祖妣某封某氏에게 밝게 아룁니
다. 세월이 빨리 흘러서 중춘의 계절이 되었습니다. 세시歲時를 느꺼
워 감격함에 길이 사모하는 마음 이기지 못하겠습니다. 감히 깨끗
한 희생[潔牲], 갖은 과일[庶品], 담은 서직[粢盛], 진한 술[醴齊] 등으로
(희생이 없다면 맑은 술[清酌], 갖은 제수[庶羞]라고 한다) 공경히 세사歲事
를 지내며, 모친모관부군某親某官府君과 모봉모씨某封某氏를 부식祔食합
니다. 부디 흠향하십시오."

  주인이 엎드렸다가 일어나 물러나서 다른 여러 신위 앞에 이르러,
처음과 같이 헌작獻爵하고 축문을 읽는다. 부위는 자제들 중에 아헌
과 종헌을 하지 않는 자에게 헌작하도록 시킨다. 끝나면 주인은 향
로상의 남쪽에 서서 재배하고 내려와 제자리로 돌아온다. 집사는
다른 그릇에 술잔의 술을 비우고 이전의 자리에 갖다 놓는다.

  할아버지 앞에서는 효손孝孫이라고 한다. 아버지 앞에서는 효자孝
子라고 하는데, '길이 사모하는 마음 이기지 못하겠습니다[不勝永慕]'
를 '하늘같이 다함이 없습니다[昊天罔極]'라고 고쳐 쓴다.

  무릇 부위祔位 중에 백숙부伯叔父는 증조할아버지에게 제부祭祔하

고, 형제는 할아버지에게 제부하고, 자질子姪은 아버지에게 제부한
다. 나머지도 다 이를 따라서 시행한다. 만일 본위本位가 없다면 '모
친을 부식한다〔某親祔食〕'고 말하지 않는다.

아헌을 한다
亞獻

—

주부가 한다. 여러 부녀들이 산적을 받든다. 초헌하는 의식과 같이 나누어 헌작하되, 다만 축을 읽지 않는다.

종헌을 한다
終獻

——

형제 중의 나이 많은 사람이나 장남 혹은 가까운 손님이 한다. 여러 자제가 산적을 받든다. 아헌하는 의식과 같이 나누어 헌작한다.

유식을 한다
侑食

ㅡ

    주인은 올라가 홀을 꽂고 주전자를 들고 나아가 여러 위位의 술잔에 술을 가득 따르고는 향로상의 동남쪽에 선다. 주부는 올라가서 숟가락을 밥 한가운데에 자루가 서쪽으로 가도록 꽂고 젓가락을 가지런히 하고는 향로상의 서남쪽에 선다. 모두 북쪽을 향하여 재배하고 내려가 자리로 돌아온다.

합문을 한다
闔門

—

    주인 이하 모두 나오면 축관이 합문한다. 문이 없는 곳이라면 발을 내려도 괜찮다. 주인은 문 동쪽에 서서 서쪽을 향하고 여러 장부는 그 뒤에 서며, 주부는 문 서쪽에 서서 동쪽을 향하고 여러 부녀는 그 뒤에 선다. 만일 존장이 있다면 다른 곳에서 잠시 쉬게 한다.

계문을 한다
啓門

—

축관이 세 번 '어흠' 하고는 바로 문을 연다. 주인 이하는 모두 들어간다. 존장 중에 다른 곳에서 쉬고 있던 자도 들어와 자리로 나아간다. 주인과 주부는 차를 받들고 여러 고위와 비위의 앞에 나누어 올린다. 부위에는 자제들을 시켜 올린다.

제육을 나누어 받는다
受胙

—

집사가 향로상 앞에 자리를 깐다. 주인은 자리로 나아가 북쪽을
향하고, 축관은 증조할아버지의 신위 앞에 이르러 잔대와 술잔을
들고 주인의 오른쪽에 이른다. 주인이 꿇어앉으면 축관도 꿇어앉는
다. 주인이 홀을 꽂고 잔대와 술잔을 받아 술을 모사 그릇에 조금
붓고 술을 조금 마시면, 축관은 숟가락과 접시를 가지고 여러 위位
의 밥을 조금씩 떠서 받들고 주인의 왼쪽으로 이르러 주인에게 복
〔嘏〕을 빌며 말한다. "할아버지께서 공축工祝(축관祝官)에게 명하여 많
은 복을 너 효손에게 이르게 했다. 너는 하늘에서 녹을 받고 밭에서
농사가 잘될 것이며, 눈썹이 세도록 오래 살 것이니, 그만두지 말고
길이 하여라〔命工祝 承致多福於汝孝孫 使汝受祿於天 宜稼於田 眉壽永年 勿替引之〕."
　주인이 술잔을 자리 앞에 놓고 홀을 꺼내어 쥐고 엎드렸다가 일
어나 두 번 절하고는 홀을 꽂고 꿇어앉아서 밥을 받아 맛을 보고 술
잔을 들어 다 마신다. 집사는 술잔을 받아 술 주전자 옆에 놓고 밥

063

도 받아 이와 같이 한다. 주인이 홀을 쥐고 엎드렸다가 일어나 동쪽 계단 위에서 서쪽을 향해 서면, 축관이 서쪽 계단 위에 동쪽을 향하여 이성利成이라고 고한다. 축관이 내려와서 자리로 돌아와 자리에 있는 여러 사람과 함께 모두 재배한다. 주인은 절을 하지 않고 내려와 자리로 돌아온다.

사신을 한다

辭神

一

주인 이하 모두 재배한다.

신주를 모셔 들인다

納主

—

　주인과 주부가 모두 올라가 각자 신주를 받들어 주독 안에 들인다. 주인이 상자에 주독을 거두어 담아서 모셔낼 때의 의식과 같이 사당으로 받들어 돌아간다.

상을 물린다
徹

—

주부가 철상을 감독한다. 따른 술 가운데 술잔과 주전자 및 다른 그릇에 있는 것을 모두 병에 담아서 입구를 봉하는데, 이른바 복주 幅酒다. 과실과 채소 그리고 육식肉食은 모두 평소 쓰는 그릇에 옮겨 담는다. 주부는 제기 씻는 것을 감독하고 보관한다.

제물을 나눈다
餕

—

　이날 주인 감독 아래 고기 제물과 과일을 조금씩 나누어 찬합에
담아 술과 함께 모두 봉한다. 종을 보내는데 편지를 가지고 제물을
친구들에게 돌린다. 드디어 남녀가 다른 곳에 자리를 마련하여 음
복하고 의식대로 내외의 존장에게 수壽를 빈다. 술과 음식이 모자
라면 다른 술과 다른 음식을 보탠다. 자리가 끝나가면 주인은 바깥
종에게 제육을 나누어주고 주부는 안집사에게 제육을 나누어주어
미천한 이들에게도 두루 퍼지게 한다. 그 날 음식을 다 소비한다. 받
은 사람은 모두 재배하고 이어서 자리를 치운다.

　주자가 말했다. "무릇 제사는 사랑과 공경의 정성을 다할 뿐이다.
가난하다면 집안의 형편에 맞게 지내고 병이 있다면 근력을 감안
하여 지낸다. 재력이 가능한 자는 마땅히 의식대로 지내야 한다."

살펴보니, 정자程子가 고조할아버지의 혈맥이 있는데도 제사를 지내지 않는 것은 매우 잘못이라고 말했다. 『주자가례』에서도 제사가 고조할아버지까지 미쳤으니, 이는 또한 정씨의 예에 근본해서다. 그러나 예에 대부大夫는 삼묘三廟, 사士는 이묘二廟라서 제사에 고조할아버지까지 미치는 글이 없다. 그러므로 주자도 고조할아버지에게 제사지내는 것은 참람하다고 했다. 또 지금의 『국조예전國朝禮典』에 6품 이상은 3대를 제사지낸다고 하니 어길 수도 없다. 적이 생각하건대, 고조할아버지는 비록 묘우가 없더라도 완전히 그만둘 수 없다. 봄가을로 제사를 지내는 속절俗節대로 그 자손을 이끌고 묘소에 이르러 제사를 지낸다면 거의 예의 뜻을 어기지 않으며, 또한 근본을 잊어버리는 지경에는 이르지 않는다.

아버지 사당 제사
禰

—

아버지를 이은 종宗 이상은 모두 제사를 지낼 수 있다. 지자庶子만
은 제사지내지 못한다.

계추에 아비사당에 제사를 지낸다

季秋祭禰

—

정자가 말하기를 "계추에 처음 사물이 영그니 또한 그 유를 본떠서 제사를 지낸다"라고 했다.

한 달 전 하순에 날을 잡는다
前一月下旬卜日

—

시제時祭의 의식과 같이 한다.

3일 전에 제계하고 하루 전에 자리를 마련하여 그릇을 진설한다

前三日齊戒 前一日設位陳器

시제의 의식과 같이 한다. 다만 정침에 두 위를 합설하는 데에 그친다.

이튿날 새벽 일찍 일어나 나물과 과일이며
술과 음식을 장만한다

厥明夙興 設蔬果酒饌

—

시제의 의식과 같이 한다.

날이 새면 복장을 갖추고 사당에 이르러
신주를 받들어 정침으로 모셔낸다
質明盛服 詣祠堂 奉神主 出就正寢

—

시제의 정침으로 모셔내는 의식과 같이 한다. 다만 고사告詞에, "효자 아무개는 이제 계추가 되어 사물이 영글어가는 처음에 고모관부군考某官府君과 비모봉모씨妣某封某氏에게"라 하고, 나머지는 모두 같다.

참신·강신·진찬·초헌을 한다
參神降神進饌初獻

—

　시제의 의식과 같이 한다. 다만 축사에, "효자모관모孝子某官某는 감히 고모관부군考某官府君과 비모봉모씨妣某封某氏에게 밝게 고합니다. 이제 계추가 되어 사물이 영글어가는 처음에 시절을 느껴 추모하는 마음이 하늘 같이 다함이 없습니다"라 하고, 나머지는 모두 같다.

아헌·종헌·유식·합문·계문·수조·사신·납주· 철준을 한다

亞獻終獻侑食闔門啓門受胙辭神納主徹饌

—

시제의 의식과 모두 같다.

기일
忌日

―

　『정씨사선범례^{程氏祀先凡例}』에 할아버지의 기일에는 할아버지 및 할머니에게만 제사를 지내고 할머니의 기일에는 할머니 및 할아버지에게만 지낸다고 했다. 신주에 청하여 중당^{中堂}으로 모셔내서 제사를 드리며, 나머지 신위의 기일에 지내는 제사에도 의식을 같이 한다.

하루 전날 제계하며 자리를 마련하고 제기를 진설하고
음식을 갖춘다. 이튿날 새벽 일찍 일어나 나물과
과일이며 술과 음식을 장만한다
前一日 齊戒 設位陳器具饌 厥明夙興 設蔬果酒饌

—

아버지 사당에 제사를 지내는 의식과 같이 한다.

날이 새면 주인 이하는 변복을 한다
質明 主人以下變服

一

백단령白團領¹⁷을 입고 소대素帶를 맨다. 관직이 있으면 오사모烏紗帽¹⁸를 쓰고 각대角帶를 맨다. 아버지 기일이라면 백포로 싼 각대를 맨다. 방친旁親의 기일이라면 백심의白深衣를 입고 흑대黑帶를 맨다. 주부는 백대의白大衣에 담황피淡黃帔(담황색 치마)를 입는다. 나머지 사람은 다 흰옷 차림으로 화려한 옷은 벗는다.

17 백단령白團領 : 깃을 둥글게 만든 흰색의 공복公服을 말한다.
18 오사모烏紗帽 : 관직에 있는 사람이 착용하는 검은색의 깁으로 만든 모자를 말한다.

사당에 이르러 신주를 받들어 정침으로 모셔낸다

詣祠堂 奉神主 出就正寢

—

　아버지 사당에 제사를 지내는 의식과 같이 한다. 다만 고사에,
"오늘은 모친모관부군某親某官府君의 제삿날입니다. 감히 청컨대, 신
주를 정침으로 모셔서 추모의 마음을 공경히 펴려고 합니다"라고
한다. 나머지는 모두 같다.

참신·강신·진찬·초헌을 한다
參神降神進饌初獻

—

아버지 사당에 제사를 지내는 의식과 같이 한다. 다만 축사에, "세월이 빨리 흘러서 제삿날이 다시 돌아와 세시歲時를 느꺼워 감격함에 길이 사모함을 이기지 못하겠습니다"라고 한다. 아버지와 어머니라면 '길이 사모함을 이기지 못하겠습니다(不勝永慕)'를 '하늘 같이 다함이 없습니다(昊天罔極)'라고 고친다. 방친旁親에게는 "제삿날이 돌아와 느꺼워 서글픔을 이기지 못하겠습니다(諱日復臨 不勝感愴)"라고 한다. 만약 아버지와 어머니라면 축관과 주인 이하는 곡으로 슬픔을 다한다. 나머지는 같이 한다.

아헌·종헌·유식·합문·계문을 한다
亞獻終獻侑食闔門啓門

―

아버지 사당에 제사를 지내는 의식과 같이 한다. 다만 수조受胙는
하지 않는다.

사신·납주·철상을 한다.

辭神納主徹

—

아버지 사당에 제사지내는 의식과 모두 같다. 다만 제물을 나누지 않는다.

이날은 술을 마시지 않고 고기를 먹지 않고
음악을 듣지 않으며 소복 차림에 소대를 매고서
저녁에 바깥채에서 잔다
是日 不飮酒 不食肉 不聽樂 素服素帶 以居夕寢于外

—

　군자에게는 종신의 상〔終身之喪〕[19]이 있으니, 이는 기일을 이르는
것이다. 이날 초상을 치르듯이 사모의 정을 품으니, 이 때문에 제물
을 나누지 않는다.

　살펴보니, 『주자가례朱子家禮』에는 기일에 한 위만 자리를 마련한
다고 하고, 『정씨제례程氏祭禮』에는 기일에 고위考位와 비위妣位를 함
께 제사지낸다고 한다. 두 사람의 예문이 다르다. 대개 한 위만 자리
를 마련한다는 것이 바른 예다. 고위와 비위를 함께 제사지낸다는
것은 예가 정에 근본 해서이다. 예를 들어 돌아가신 이 섬기기를 산
사람 같이 섬겨서 자리를 깔고 같은 교의를 마련하는 뜻을 미루면
예가 정에 근본 하는 것 또한 그만두지 못할 바가 있다.

19　종신의 상終身之喪 : 평생토록 기일을 만나면 효자는 일체의 일을 접어 두고 오직 어버이
만을 생각하고 슬퍼하며 상중에 있을 때처럼 처신하기 때문에 기일忌日을 종신지상이라 한다.
(『禮記』「祭義」)

묘제
墓祭

一

　살펴보니 『주자가례』「묘제」 조에는 3월 상순에 날을 잡아서 거행한다고 했는데, 오늘날 세속에서는 정조正朝·한식寒食·단오端午·추석秋夕에 모두 산소를 찾아 성묘를 한다. 이제 또 세속의 풍습을 따라 거행해도 괜찮다.

하루 전날 제계하고 음식을 장만한다

前一日齊戒具饌

—

시제의 품수와 같이 한다. 어육魚|肉과 미면식米麵食 각각 한 그릇을
더 마련하여 후토后土에 제사지낸다.

다음날 아침 일찍 물 뿌리고 쓴다.

厥明灑掃

—

주인이 시복時服 차림으로 집사를 이끌고 묘소에 이르러 재배한 뒤 영역塋域의 안팎을 빙 둘러 청소하고 애성哀省하며 세 바퀴 돈다. 풀이나 가시나무가 있다면 즉시 도부刀斧로 제거하거나 베어버린다. 청소를 마치고 자리로 돌아와 재배한다. 묘소 왼쪽에 자리를 마련하여 후토后土에 제사를 지낸다.

자리를 펴고 제찬을 진설한다

布席陳饌

―

　새로 마련한 깨끗한 자리를 펴고 묘소 앞에 마련한 음식을 집 제
사의 의식과 같이 진설한다.

참신·강신·초헌을 한다
參神降神初獻

—

    집 제사의 의식과 같이 한다. 다만 축사에, "모친모관부군의 묘소에 세월이 빨리 흘러가 시절 생각이 더욱 간절합니다. 우러러 묘소를 쓸고 나니 더욱 서글픔이 더합니다〔某親某官府君 節序流易 時思轉切 瞻掃封塋 釆增感愴〕"라고 한다. 나머지는 모두 같다.

아헌·종헌을 한다
亞獻終獻

—

자제와 친구가 함께 드린다.

사신하고 바로 제수를 물린 뒤 드디어 후토에게
제사지낸다. 자리를 펴고 제수를 진설하고
강신·참신·삼헌을 한다
辭神乃徹 遂祭后土 布席進饌 降神參神三獻

—

축사에, "모관 성명은 후토신에게 밝게 고합니다. 모가 공손히 세사를 모친모관부군의 묘소에서 거행했습니다. 때로 보호받음은 실재 신명께서 돌보아주신 덕분입니다. 감히 술과 음식으로 공경이 올립니다. 부디 흠향하십시오〔某官姓名 敢昭告于后土氏之神 某恭修歲事于某親 某官府君之墓 惟時保佑 實賴神休 敢以酒饌 敬伸奠獻 尙饗〕"라고 한다.

사신하고 바로 철상하고 물린다
辭神乃徹退

━

　주자가 말했다. "『제의』에서 묘제와 절사節祀를 지낼 수 없다고 했다. 그러나 선정先正들이 모두 묘제가 의리를 해치지 않는다 말했고, 또 절물節物 중에 좋아하는 것이 옛 사람들에게는 없었기 때문에 시제時祭에 그쳤다. 오늘날 사람들은 절기에 풍속을 따라 잔치를 열며 각각 제철의 물건을 사용한다. 조상이 생존해 있던 날에 사용한 적이 있어서 오늘날 자손들이 이를 그만두지 않는데, 조종祖宗에게 소홀히 할 수 있겠는가?"

　제사의 예는 또한 단지 근본을 따라 자손이 성경誠敬을 다하는 이외에 따로 노력할 곳이 없다.

　일찍이 아들에게 편지로 경계하며 말하기를, "요즈음 묘제墓祭와 토신土神의 예를 보니, 완전히 제 모습을 잃어 내가 몹시 두렵다. 이미 선공께서 산림에 몸을 의탁했는데, 그 산림의 주인에게 제사를 지내는 것이 어찌 이와 같을 수 있겠느냐? 오늘 이후로는 묘소 앞과 한 모습으로 채소·과일·젓갈·포·밥·차·탕을 각각 한 그릇 준비하여 내가 어버이를 편안히 해드리고 신령을 섬기려는 뜻을 너가 다해 제수를 높이거나 낮추지 말도록 해라"라고 했다.

대저 사람이 죽은 뒤에 들판에서 시신을 장사지냈다. 지금 세대와 서로 현격한 차이가 있지만 효자의 추모하는 마음이야 어찌 한량이 있겠는가? 추위와 더위가 변하는 즈음을 당하여 감회가 더욱 더해진다. 마땅히 묘소를 살펴보고 배알하여 계절 따라 일어나는 공경의 마음을 표현해야 한다. 무릇 제사에 올리는 제물의 품수 또한 집의 형편에 맞추어 준비하니, 풍부한 제물을 귀히 여기지 않고 정갈한 준비와 극진한 정성이 귀할 뿐이다. 죽은 이를 계시듯이 섬긴다고 했다. 제사 지낼 적에 이 마음으로 늘 공경을 조종祖宗에게 다하면 조종께서 충만하여 계신 듯하리니, 어찌 나의 정성에 이르시지 않을 것이며 나의 제사를 흠향하시지 않겠는가?

봉선잡의 奉先雜儀

하 下

「제의祭義」[20]에 말했다. "서리가 이미 내렸을 때 군자가 그것을 밟으면 반드시 처창悽愴한 마음이 있으니, 이는 그 추위를 말한 것이 아니다. 봄에 이슬이 이미 적셨을 때 군자가 그것을 밟으면 반드시 출척怵惕한 마음이 있어서 장차 뵙듯이 여긴다. 기쁜 마음으로 옴을 맞이하고 슬픈 마음으로 감을 보내기 때문에 체제禘祭에는 음악이 있고 상제嘗祭에는 음악이 없다."

천자와 제후가 종묘에 지내는 제사는 봄에 초제礿祭, 여름에 체제禘祭, 가을에 상제嘗祭, 겨울에 증제烝祭이다. 체제는 올리며 음악이 있고 상제는 음악이 없다. 체禘는 약禴이라고도 읽는다.

정씨鄭氏가 말했다. "음악을 연주하며 옴을 맞이하는 것은 어버이께서 장차 옴을 즐거워하는 것이요, 슬퍼하며 감을 보냄은 그가 흠

20 제의祭義 : 『예기禮記』의 한 편명이다.

향했는지 어떤지를 알지 못함을 슬퍼하는 것이다."

방씨方氏[21]가 말했다. "이슬에서 봄을 말했으니 서리는 가을이 된다는 것을 알겠고, 서리가 추위를 말한 것이 아니니 이슬도 그 따뜻함을 말한 것이 아니다. 이슬로 장차 볼 듯하다고 말했으니 서리는 장차 잃어버릴 듯함이 된다. 대개 봄여름은 그 옴을 맞이하는 것이요, 가을겨울은 감을 보내는 것이다."

황씨黃氏[22]가 말했다. "이슬이 이미 적셔지면 만물이 양陽에 감응하여 자라고, 서리가 이미 내리면 만물이 음陰에 감응하여 죽는다. 만물이 생동할 때에 군자는 차마 그 어버이를 죽었다고 여기지 못하여 장차 그가 사물과 함께 온다고 생각하는 것이다. 그러므로 음악을 연주하여 맞이했다. 만물이 시들 때에 군자는 감히 그 어버이를 살았다고 여기지 못하여 장차 그가 사물과 함께 떠난다고 생각했다. 그러므로 슬픔으로 보냈다.

효자의 제사를 지내며 감을 보내는 슬픔으로 음악을 연주하지 않으면 이를 불인不仁이라고 하고, 옴을 맞이하는 음악으로 슬퍼하지 않으면 이를 부지不智라고 한다."

제통祭統[23]에 말했다. "때가 되어 장차 제사를 지내며 군자는 재

21 방씨方氏 : 방각方慤이다. 자는 성부性夫이며, 송나라 동려桐廬 사람이다. 선화宣和 연간에 진사가 되었고, 벼슬은 예부시랑을 지냈다. 저서에 『예기집해禮記集解』가 있다.
22 황씨黃氏 : 황간黃榦(1152~1221)이다. 자는 직경直卿이고, 호는 면재勉齋이며, 시호는 문숙文肅이다. 주자朱子의 제자요 사위다. 주자의 『의례경전통해儀禮經傳通解』를 완성했다.
23 제통祭統 : 『예기』의 한 편명이다.

계齋戒를 한다. 재계라는 말은 가지런히 한다는 것이다. 가지런하지 않음을 가지런히 하여 재계를 이루는 것이다. 장차 재계할 적에 사특한 사물을 막고 좋아하는 욕심을 막는다. 귀로 음악을 듣지 않기 때문에 『예기』에서 '재계하는 자는 음악을 듣지 않는다'라고 했으니, 감히 그 뜻을 흩을 수 없다는 것을 말한다.

마음은 구차히 염려하지 않고 반드시 도를 따라야 하며 손발은 구차히 움직이지 않고 반드시 예를 따라야 한다. 이 때문에 군자가 재계할 적에 그 정명精明한 덕을 오로지 극진히 하여야 한다. 그러므로 이레를 산제散齊하여 바로잡고 사흘을 치제致齊하여 가지런히 한다. 바로잡음을 일러 가지런하다고 한다. 가지런하다는 것은 정명한 덕의 지극함이니, 그런 연후에 신명과 교감할 수 있다."

물物은 일事과 같다. 구차히 염려하지 않음과 구차히 움직이지 않음은 모두 이른바 막는다는 것이다.

방씨가 말했다. "무릇 재계는 치일致—하는 것이다. 치일은 가지런하지 않은 것을 가지런히 하는 것이다. 재계는 진실로 귀로 음악을 듣지 않는 일만이 아니다. 그러나 음악은 사람이 즐기는 것이니, 그 뜻을 흩어지게 하는 이유가 더욱 음악에 있기 때문에 말했다. 사물에 의하여 둘로 갈라지지 않으므로 그 덕이 정미해지고, 사물에 의

하여 가려지지 않으므로 그 덕이 밝아진다. 치致라는 것은 그 지극함에 이를 뿐이다. 정밀함이 지극하기에 제사지내는 마음은 의지意志가 정밀해지고 밝음이 지극해진다. 그러므로 제사지내는 도에 제사와 흠향이 분명해진다. 마음이 구차히 염려하지 않음과 그 좋아하는 욕심을 멈추는 등의 따위는 그 내면을 가지런히 하기 때문이다. 손발을 구차히 움직이지 않음과 그 사특한 사물을 막는다는 등과 같은 따위는 그 외면을 가지런히 하기 때문이다. 무릇 흩어진 것을 모으면 온전히 바로잡아지기 때문에 이레 동안 산제散齊하여 바로잡히고, 그 지극함에 이르면 본래 가지런하지 않음이 없으므로 사흘을 치제致齊하여 가지런해진다. 바로잡음은 외면을 바로잡는 것을 말하고, 가지런함은 내면을 가지런히 하는 것을 말한다."

「제의」에 말했다. "안에서 치제하고 밖에서 산제한다. 재계하는 날에는 그 거처를 생각하며, 그 담소하던 말을 생각하며, 그 의지를 생각하며, 그 즐기던 것을 생각하며, 그 좋아하던 것을 생각하니, 재계한 지 3일이 되면 바로 그 재계하던 대상을 보게 된다.

먼저 그 대체적인 것을 생각하고 점차 그 세밀한 것을 생각하기 때문에, 거처가 앞에 있고 즐기고 좋아하는 것이 뒤에 있다.

방씨方氏가 말했다. "안에서 재계함은 그 마음을 삼가는 것이며, 밖에서 재계함은 그 일을 막는 것이다. 산제는 이를테면 술을 마시지 않는다거나 냄새나는 채소를 먹지 않는다는 등의 일이다. 사흘을 재계하는 것은 치제뿐이다. 반드시 치제한 연후에 그 재계한 대상을 보게 되는 것은 생각이 지극해져서다."

모용씨慕容氏가 말했다. "마음의 직책은 생각이니, 생각이 미친 바가 있으면 도달하지 못할 것이 없다. 대저 욕오애락欲惡哀樂으로 그 마음이 갈라지지 않으면 그 제사에 치일致一해진다. 그러므로 형체가 없는 중에서 나타남을 보고, 소리가 없는 중에서 들려옴을 들어서 모두 그 생각이 도달할 수 있는 것이다. 어버이의 거처와 담소이며 의지와 즐기던 것은 가버리고 돌아오지 않아서 실재하지 않는다. 어찌 형체가 교통할 수 있겠는가. 생각이 지극하면 충분히 교통할 것이다. 사흘을 재계하면 바로 그 재계한 대상을 보게 된다는 것은 생각이 지극한 자가 그 있음을 보는 듯해서다. 은미함이 드러나니, 성실을 가릴 수 없음이 이와 같다."

제사하는 날에 방에 들어가면 애연 然히 반드시 그 신위에 보이며, 두루 돌아보고 문을 나서면 숙연肅然히 반드시 그 모습과 음성을 들으며, 문을 나서서 들음에 개연愾然히 반드시 그 탄식하는 소리

103

를 듣는다.[24]

방에 들어감은 사당에 들어가는 것이다. 애연은 방불彷彿한 모습
이다. 그 신위에 보임은 마치 어버이가 신위에 계신 듯하게 보이는
것이다. 모습과 음성은 거동과 몸가짐의 소리다. 개연은 크게 탄식
하는 소리다.

장자張子[25]가 말했다. "애연히 그 신위에 보이며 개연히 그 탄식하
는 소리가 들기니, 재계가 지극하면 제사를 지내는 날에 자연히 이
와 같아진다."

마씨馬氏[26]가 말했다. "사당에 들어가 마루에 오르면 애연히 그
신위에 보이며, 제물을 드리고 문을 나서면 숙연히 반드시 그 거동
하는 소리가 들리며, 드리기를 마치고 문을 나와서 들으면 개연히
그 탄식하는 소리가 들린다. 이는 제사 지내는 순서이니, 애연은 그
모습을 말하며, 숙연은 그 용모를 말하며, 개연은 그 기운을 말한
다."

이 때문에 선왕의 효도는, 안색은 눈에서 잊히지 않으며, 음성은
귀에서 끊어지지 않으며, 심지心志와 기호嗜好는 마음에서 잊히지 않

24 『예기』「제의祭義」에 나온다. ("제삿날에 사당에 들어가매 어렴풋이 그 신위에서 모습을
반드시 보며, 두루 돌아 문을 나오매 엄숙히 그 거동 소리를 반드시 들으며, 문을 나와서 들으
면 한숨 쉬듯 탄식하는 소리를 반드시 듣는다. 그러므로 선왕의 효도는 부모님의 안색을 눈에
잊지 못하며, 소리가 귀에 끊이지 않으며, 마음과 좋아하시던 것을 마음에 잊지 못하니, 사랑을
지극히 하면 보존되고 정성을 지극히 하면 나타나듯이 된다. 나타나고 보존하는 것을 마음에
잊지 않는데, 어찌 공경하지 않을 수 있겠는가[祭之日入室 僾然必有見乎其位 周還出戶 肅然必

는다. 사랑을 지극히 하면 있고 정성을 지극히 하면 드러난다. 드러나고 있어서 마음에 잊히지 않으니, 대저 어찌 공경하지 않을 수 있겠는가. 군자는 살아 있으면 공경히 봉양하고 죽으면 공경히 제사를 지내 종신토록 욕되게 하지 않기를 생각한다.[27]

사랑을 지극히 함은 그 어버이에 대한 사랑의 마음을 지극하게 하는 것이요, 정성을 지극히 함은 그 어버이에 대한 공경의 정성을 지극하게 하는 것이다. 존存은 윗글의 세 가지를 잊지 않은 것을 말하고, 저著는 윗글의 현호기위見乎其位 이하의 세 가지를 말한 것이다. 공경할 수 없다면 봉양과 제향이 다만 그 어버이를 욕되게 할 뿐이다.

방씨가 말했다. "눈에서 안색이 잊히지 않는 것은 늘 얼굴을 뵙는 때와 같아서다. 귀에서 음성이 끊이지 않는 것은 늘 말씀을 들을 때와 같아서다. 사랑은 추모의 생각을 말한 것이며, 정성은 상상의 정성을 말한 것이다. 그 사랑을 지극히 하면 어버이가 비록 죽었더라도 오히려 있고 그 정성을 지극히 하면 신령이 비록 은미하더라도 오히려 드러난다. 공자의, '제사는 계신 듯이 하며 신을 제사할 때는 신이 있는 듯이 한다'가 이를 말하는 것이 아닌가."

有聞乎其容聲 出戶而聽 愾然必有聞乎其歎息之聲 是故 先王之孝也 色不忘乎目 聲不絕乎耳 心志嗜欲 不忘乎心 致愛則存 致慤則著 著存不忘乎心 夫安得不敬乎].")
25 장자張子 : 장재張載(1020~1077)다. 자는 자후子厚, 호는 횡거橫渠다. 그의 학문은 역易을 종宗으로 하고, 『중용中庸』을 적的으로 하고, 예禮를 체體로 하여 공맹孔孟의 학을 최고로 삼았으며, 우주의 본체를 태허太虛라고 했다. 저서에 『동명東銘』『서명西銘』『역설易說』 등이 있다.

보씨輔氏[28]가 말했다. "천지의 본성을 받은 사람이 귀하고 사람의 행실 중에 효보다 큰 것이 없으니, 바로 사람의 마음이다. 선왕이 그 마음을 잘 보존했기에 부모의 모습과 안색이 저절로 눈에서 잊히지 않았으며, 부모의 음성이 저절로 귀에서 끊이지 않았고, 부모의 심지와 기호가 저절로 마음에서 잊히지 않았다. 이는 진실로 애써 바로잡는다고 그렇게 할 수 있는 일이 아니다. 역시 내 마음의 사랑과 공경을 지극히 했을 뿐이다. 그러므로 말하기를, '사랑을 지극히 하면 있고 정성을 지극히 하면 드러난다'라고 했다. 사랑은 마음이기 때문에 있다고 했고, 정성은 성실이기 때문에 드러난다고 했다. 있음이 비록 내면에 있는 듯하고 드러남이 비록 드러나는 듯하지만 그러나 성실은 내외로 나누어 말할 수는 없다.

그러므로 드러나고 있어서 마음에 잊히지 않는다는 말로 마친 것이다. 드러나고 있어서 마음에 잊히지 않는다면 양양하여 그 위에 있는 듯하고 그 좌우에 있는 듯하여[29] 헤아릴 수 없는데 하물며 싫어할 수 있으랴.[30] 대저 어찌 공경하지 않을 수 있겠는가."

또 말했다. "한 순간 공경하지 않으면 이치에서 끊어지고 이치에서 끊어지면 그 어버이를 욕되게 한다. 그러므로 살아있으면 공경히 봉양하고 죽었으면 공경히 제사를 지냄이 바로 종신토록 욕되게 하지 않음을 생각하는 것이다."

26 마씨馬氏 : 마단림馬端臨이다. 자는 귀여貴與, 송나라 낙평樂平 사람이다. 벼슬은 승사랑承事郎을 지냈다. 저서에 『문헌통고文獻通考』『대학집전大學集傳』『다식록多識錄』등이 있다.
27 『예기』「제의祭義」에 나온다.
28 보씨輔氏 : 보광輔廣이다. 자는 한경漢卿, 호는 잠암潛菴, 송나라 사람이다. 당시 사람들은 부이傅貽 선생이라 일컬었다. 여조겸과 주자에게 사사師事했다. 저서에 『사서찬소四書纂疏』『육경집해六經集解』등이 있다.

효자가 장차 제사를 지내려 할 때 일을 생각하여 미리 준비하지 않을 수 없고, 때가 되면 물품을 갖추어 대비하지 않을 수 없다. 마음을 비우고 그 일을 시행해야 한다.31

비시比時는 때가 되어서니, 예를 행할 때를 맞은 것을 말한다. 구물具物은 제기나 음식 따위를 진설하는 것이다. 허중虛中은 맑고 밝음이 몸과 마음에 자리하여 잡념이 없는 것이다.

보씨가 말했다. "일을 미리 생각하지 않을 수 없고 물품을 먼저 갖추지 않을 수 없으며, 제삿날이 되면 마음을 비우고서 일을 시행할 따름이다. 한 가지라도 미리 하지 않거나 한 가지라도 갖추지 않으면, 내 마음이 동요되고 내 정성이 이지러지니, 신명과 교감하는 도가 아니다."

효자가 장차 제사를 지내려 할 때는 반드시 엄숙하고 장엄한 마음으로, 일을 생각하고 제복과 제물을 갖추고 집과 방을 정비하는 등 온갖 일을 처리한다. 제삿날이 되면 안색은 반드시 온화하게 하고 행동은 반드시 두렵게 하여 애연優然히 보이는 경지에 미치지 못할까 두려운 듯이 한다. 그 제물을 올릴 때는 용모는 반드시 온화하게 하고 몸은 반드시 조심스럽게 하여 말하고 싶어도 그러하지 못

29 『중용장구中庸章句』 16장에 나온다. (공자가 말한, "천하 사람들로 하여금 깨끗이 재계하고 의복을 성대히 입고 제사를 받들게 하면, 신명이 충만하여 마치 위에 있는 듯하기도 하고, 좌우에 있는 듯하기도 하느니라[使天下之人 齊明盛服 以承祭祀 洋洋乎如在其上 如在其左右]"에서 온 말이다.)
30 『시경詩經』 「대아大雅·억抑」에 나온다. ("어두우니까 아무도 나를 보지 않을 것이라고 생각하지 말라. 신령이 내림은 헤아릴 수가 없는 것인데, 더구나 게을리 할 수 있겠는가[無曰不顯

하는 듯이 한다. 재숙하던 이들은 모두 자리로 나가 낮고 고요함으로 바루어 장차 보지 못한 듯이 한다. 제사를 지내고 나면 도도하고 화기롭게 하여 장차 다시 들어가는 듯이 한다. 이 때문에 성실이 몸을 어기지 않고, 이목이 마음을 어기지 않고, 사려가 어버이를 어기지 않아 마음에 맺히고 안색에 드러나서 일마다 반성하는 것이 효자의 뜻이다.[32]

성실이 몸을 어기지 않음은 주선하고 오르내리며 공경하지 않음이 없다는 것이다. 이목이 마음을 어기지 않음은 들은 바와 본 바가 그 마음이 보존한 바를 어지럽히지 못한다는 것이다. 결結은 풀 수 없다는 뜻이다. 술術과 술述은 같아서, 술성術省은 따라 반성하는 것과 같으니, 매사에 생각하고 반성한다는 말이다.

방씨가 말했다. "그 올 적에는 애연優然한 경지에 미치지 못할까 두려워하듯 하다가 이미 왔을 적에는 또 말하려 해도 하지 못하는 듯이 하며, 그 갈 적에는 장차 보지 못하는 듯이 하다가 이미 갔을 적에는 또 장차 다시 들어가는 듯이 한다면, 이는 효자가 그 어버이를 그리워하여 물건이 그 마음을 충분히 흡족하게 할 수 없고 어떤 시간도 그 마음을 끊을 수 없어서다. 애연에 미치지 못할까 두려워하듯이 함은 바로 앞 경전의 이른바 '사랑을 지극하면 있다'가 이것

108

莫予云覯 神之格思 不可度思 矧可射思].")
31 『예기』「제의祭義」에 나온다.
32 『예기』「제의」에 나온다. ("及祭之後 陶陶遂遂 如將復入然.")

이다. 말하고 싶어도 그러하지 못하듯이 함은 바로 이른바 '직접 명을 듣는 듯이 한다'가 이것이다. 장차 보지 못한 듯이 함은 바로 이른바 '장차 잃을 듯이 한다'가 이것이다. 장차 다시 들어가는 듯이 함은 바로 이른바 '또 따라서 그리워하다'가 이것이다. 사랑함은 그 어버이를 사랑하는 것이다. 사랑에 미치지 못할까 두려워하는 것은 어버이를 사랑하는 마음이 지극하지 못한 곳이 있을까 두려워서다. 말씀이라는 것은 어버이의 말씀이다. 말하고 싶어도 그러하지 못하듯이 한다는 것은 어버이가 말씀하고 싶어 하면서도 말하지 못해서다. 도도陶陶는 어버이를 그리워하는 마음이 안에 있음을 말한다. 수수邃邃는 어버이를 그리워하는 마음이 밖에 이름을 말한다. 제사를 지낸 후에도 이와 같이 하는 것은 장차 다시 들어가는 듯이 하기 때문이다."

섭씨葉氏[33]가 말했다. "안색이 온화한 것은 누그러진 낯빛이 있어서다. 용모가 온화한 것은 순한 모습이 있어서다. 낮고 고요하여 바룬다는 것은 깊은 생각이 있어서다. 대개 누그러진 낯빛이 있으면 장차 미칠 듯하기 때문에 행동을 반드시 두려운 듯이 한다. 순한 용모가 있으면 장차 들은 듯하기 때문에 몸을 반드시 굽힌다. 깊은 그리움이 있으면 장차 볼 듯하기 때문에 섬을 반드시 바르게 한다. 도도하다는 것은 그 기운이 부드러워서고 화기롭다는 것은 그 뜻을

109

---

33 섭씨葉氏 : 섭몽득葉夢得이다. 자는 소온少蘊, 호는 석림石林이다. 저서에 『석림연어石林燕語』가 있다.

얻어서다. 내면에서 성실한데도 몸을 어기지 않는다고 말하는 것은 외부에 응함이 있어서고, 이목이 밖에 있는데도 마음을 어기지 않는다고 말하는 것은 내면에 주장이 있어서다. 안팎으로 안정된 뒤에 어버이에 대한 사랑이 지극해지는 것이다."

효자의 제사는 알 수 있다. 그가 서 있을 적에는 공경으로 굽히고, 그가 나아갈 적에는 공경으로 누그럽게 하고, 그가 제물을 올릴 적에는 공경으로 하고 싶어 한다. 물러나 서 있음에 장차 명을 받으려는 듯하고, 이미 상을 거두고 물러남에 공경히 재계하는 안색이 얼굴에서 끊어지지 않는 것이 효자의 제사다. 서되 굽히지 않음은 고집해서며, 나아가되 누그러지지 않음은 소원해서며, 제물을 올리되 하고 싶어 하지 않음은 사랑하지 않아서다. 물러나 서 있는데도 명을 받지 않은 듯이 함은 오만해서며, 이미 거두고 물러남에 공경히 재계하는 안색이 없음은 근본을 잊어서다. 이와 같은데도 제사를 지내는 것은 잘못이다.

방씨가 말했다. "효자의 제사를 알 수 있다는 것은, 그 제사를 살펴보면 그 마음을 알 수 있음을 말한다. 서 있음은 바야흐로 제사를 기다리며 서 있는 것이다. 나아감은 이미 일을 하러 나아가는 것이다. 제물을 올림은 제물을 받들어 올리는 것이다. 물러나 섬은 나아갔다가 다시 물러나는 것이다. 이미 상을 거두고 물러남은 이미 올린 뒤에 거두는 것이다. 대개 물러나 섬은 조금 물러나서 서고, 이미 거두고 물러남은 이에 거기서 물러나니, 이것이 다른 점이다.

　서 있을 적에 공경으로 굽힘은 몸을 굽혀서 변화하기 때문에 서되 굽히지 않는 것은 고집이다. 나아갈 적에 공경으로 누그럽게 함은 안색이 누그러져 그 친함을 다하기 때문에 나아가되 누그러지지 않은 것은 소원해서다. 제물을 올릴 적에 공경으로 하고 싶어 하지 않음은 마음에 욕심으로 그 흠향을 바라기 때문에 올리되 하고 싶어 하지 않은 것은 사랑하지 않아서다. 물러나 섬에 장차 명을 받는 듯이 함은 명을 순리대로 들어 소홀한 바가 없기 때문에 물러나서서 명을 받지 않는 듯이 하는 것은 오만해서다. 이미 상을 거두고 물러나도 공경히 재계하는 안색이 얼굴에서 끊어지지 않음은 마지막까지 처음처럼 삼가는 것이기 때문에 이미 상을 거두고 물러나서 공경히 재계하는 안색이 없다면 근본을 잊어서다."

　모용씨가 말했다. "군자는 본성을 근본으로 삼기에 능히 통달하여 용모가 되니, 공경히 재계하는 안색이 얼굴에서 끊어지지 않아 근본이 있는 것은 이와 같아서다. 이제 없다 하니, 이는 그 근본을 잊어서다. 마음에 잊지 않으면 근본이 있고 근본이 보존되면 그 모습이 있으니, 이는 표리의 징험이다. 그 모습이 이와 같음을 보면 근본이 아닌 줄 알기 때문에 이와 같은 제사가 잘못되었다고 하는 것이다. 앞의 경우에 따라 제사지낸다면 그 마음을 알 수 있으니, 이로써 그 근본을 따라서며, 뒤의 경우에 따라 제사지낸다면 잘못이니, 그 근본을 잃어서다. 군자는 근본에 힘쓰니, 이른바 근본이라는 것은 효일뿐이다. 그러므로 그 말이 반드시 효자에 근본했다."

육씨陸氏[34]가 말했다. "서 있을 적에 굽히지 않는 것은 그가 어버이를 믿어서다. 이 때문에 고집이라고 말한다. 나아갈 적에 누그러지지 않은 것은 어버이를 꺼려서다. 이 때문에 소원이라고 말한다. 제물을 올릴 적에 하고 싶어 하지 않는 것은 마지못한 뒤에 올리는 것과 같으니, 사랑하지 않음이 이보다 큰 것이 없다. 물러나 서 있을 적에 명을 받지 않은 듯이 하는 것은 오만함이다. 무릇 제사는 재계를 근본으로 한다. 바야흐로 제사를 지내면서 누그럽지 않은 혐의가 있고, 제사에 이미 재계하지 않은 혐의가 있고, 상을 거둔 뒤에 잊어버린다면, 이는 근본을 잊었다고 말한다."

오직 성인만이 상제에게 제사지낼 수 있고, 효자만이 어버이에게 제사지낼 수 있다. 제향[饗]한다는 것은 향함[鄕]이니, 마음이 향한 이후에 제사지낼 수 있다. 이 때문에 효자는 시동尸童을 마주하여 시동에게 헌작하고 제물 올리기를 부끄러워하지 않는다. 엄숙하

육씨陸氏 : 육전陸佃(1042~1102)이다. 자는 농사農師, 호는 도산陶山, 송대宋代 산음 사람이다. 휘종 때 상서우승을 역임했다. 저서에 『비아埤雅』 『춘추후전春秋後傳』 『예상도禮象圖』 등이 있다.

고 엄숙하여 공경하며, 누그럽고 누그러워 충성스러우며, 간절하고 간절하여 제사를 지내고 싶어 한다.

시동을 마주하여 부끄러워하지 않으면 어버이를 향하는 마음에 사랑과 정성이 지극함을 알 수 있다. 제제齊齊는 정돈되고 엄숙한 모습이다. 유유愉愉는 그 충심에 화순의 실제가 있는 것이다. 물물勿勿은 절실하고 절실하다와 같다. 제諸는 어조사이니 그러하다와 같다.

항씨項氏가 말했다. "사람으로 신명과 교통하며 간곡하고 순수하여 더불어 어울리는 자가 아니면 통달하지 못한다. 그러므로 오직 성인만이 상제에게 제사지낼 수 있고 효자만이 어버이에게 제사지낼 수 있다고 말한 것이다. 어진 사람의 마음은 천지와 한 몸이 되고 효자의 마음은 부모와 한 사람이 된다."

문왕文王이 제사를 지낼 적에, 죽은 사람 섬기기를 산 사람 섬기듯 하고 죽은 사람 그리워하여 살고 싶지 않은 듯이 했다. 제삿날에는 반드시 슬퍼하며 어버이 이름이 불리면 직접 보는 듯이 했다. 충심으로 어버이 제사를 지낼 적에 어버이께서 사랑하던 것을 보는 듯 하고 하고 싶어 하던 안색을 보는 듯 하니, 문왕이 아니겠는가. 제사 다음날 밤이 새도록 잠을 자지 않으니, 제사를 지내며 정성을 지극히 하고 또 따라서 생각해서다. 제삿날에는 즐거움과 슬픔이 절반씩이니, 제사를 지냄에 반드시 즐겁고 이미 지극해짐에 반드시 슬퍼져서다.

진씨陳氏[35]가 말했다. "살고 싶지 않은 듯하다는 것은, 따라 죽고 싶은 듯해서다. 종묘의 제사에는 윗사람이 아랫사람의 이름을 피하지 않기 때문에 이름을 부를 때가 있다. 이를테면 고조의 제사를 지내면 증조 이하의 이름을 피하지 않는다. 하고 싶어 하던 안색을 보는 듯하다는 것은 그 어버이가 평생 사랑하던 사물을 상상하여 어버이가 하고 싶어 하던 안색을 보는 듯해서다. 제사를 지내며 반드시 즐거워함은 그 오심을 맞이하는 것이요, 이미 지극하여 예를 마치면 가시기 때문에 슬퍼한다.

방씨가 말했다. "죽은 사람 섬기기를 산 사람처럼 한다는 것은 이른바 제사를 지낼 때에 계신 듯이 해서다. 죽은 사람을 사모하기를 살고 싶지 않은 듯이 한다는 것은 이른바 지극한 아픔을 다해서다. 제삿날 반드시 슬퍼하는 것은 이른바 평생 슬퍼하는 초상이 있어서이다. 이름을 불리면 어버이를 직접 보는 듯이 한다는 것은 이른바 이름을 들으면 마음이 두려워서다. 날이 샌다는 것은 밤부터 새벽에 이르러 날이 밝아오는 때다. 제사 다음날에도 오히려 이와 같이

114

35 진씨陳氏 : 진호陳澔이다. 자는 가대可大, 호는 운장雲莊 또는 북산北山이다. 원나라 도창都昌 사람이며, 대유大猷의 아들이다. 송나라 말에 향리에 은거하면서 제자들을 가르쳤다. 저서에 『예기집설禮記集說』이 있다.

하는데 하물며 제사를 지내는 바로 당일임에랴. 장차 제사지낼 때
에 재계를 하면 그 가는 것을 되짚어 사모하기 때문에 제사를 지내
며 지극히 하고 또 따라서 사모하는 것이다. 제삿날에 즐거움과 슬
픔이 절반이라는 것은 그 제사를 지낼 적에 반드시 즐겁고 이미 지
극해짐에 반드시 슬퍼지기 때문이다. 제사를 지낼 적에 반드시 즐거
우면 즐거움으로 그 옴을 지극히 하고, 이미 지극하여 반드시 슬프
면 슬픔으로 그 감을 사모하게 된다. 앞의 경전에서, 즐거움으로 옴
을 맞이하고 슬픔으로 감을 보낸다고 말함이 바로 이를 말하는 것
이다."

진씨가 말했다. "군자가 어버이에게 살아서는 예로써 섬긴다고 했
다. 그러므로 섬기는 날에 기쁨과 두려움이 반반이다. 이른바 부모
의 연세는 알지 않을 수 없으니, 한편으로는 기쁘고 한편으로는 두
렵다는 것이 이것이다. 죽으면 예로써 제사지낸다고 했다. 그러므로
제사지내는 날에 즐거움과 슬픔이 반반이다. 이른바 제사를 지낼
적에 반드시 즐겁고 이미 지극함에 반드시 슬프다는 것이 이것이다.
이미 지극하면 반드시 슬퍼지는 것은 그 처음을 캐묻는 것이요, 슬
픔으로 감을 보내는 것은 그 마침을 정리하는 것이다."

군자에게는 종신토록 슬퍼하는 초상初喪이 있으니, 제삿날을 말

하는 것이다. 제삿날에는 다른 일을 하지 않는 것은 상서롭지 않아서가 아니다. 이 날에는 뜻이 지극한 바가 있어서 감히 그 사사로움을 다하지 못한다는 것이다.

진씨陳氏가 말했다. "제삿날은 어버이가 죽은 날이다. 불용不用은 이날에 다른 일을 하지 않는다는 것이다. 부일부日은 이 날과 같다. 뜻이 지극한 바가 있다〔志有所至〕는 이 마음이 어버이를 그리워함에 지극하다는 것이다."

제통祭統에 말했다. "무릇 사람을 다스리는 도는 예보다 급한 것이 없다. 예의 오경五經에 제사보다 중한 것은 없다. 무릇 제사라는 것은 밖으로부터 오는 제물이 아니요, 속마음에서부터 생겨난 것이다. 마음이 슬퍼서 예로써 받드는 것이다. 이 때문에 현자만이 제사의 뜻을 다할 수 있다.

오경五經은 길례吉禮, 흉례凶禮, 군례軍禮, 빈례賓禮, 가례嘉禮의 다섯 가지 예다. 마음이 슬픔은 바로 전편에서 군자가 밟음에 반드시 슬퍼하는 마음이 있다는 것이니, 마음의 감동이 있음을 말한다.

방씨가 말했다. "그 마음을 다하는 것이 제사의 근본이며, 그 제물을 다하는 것은 제사의 말단이다. 근본이 있은 연후에 말단이 따르기 때문에, 제사는 밖으로부터 오는 제물이 아니며 속마음에서부터 생겨난 것이라고 했다. 마음이 슬퍼서 예로써 받든다는 것은 마음이 안에서 감동하기 때문에 밖에서 예로써 받든다는 것일 뿐이다. 이는 그것이 속마음에서 나온 것이요, 밖에서 온 것이 아니어서다. 예로써 받든다는 것은 제물로 드러나서고 뜻으로 다하는 것은 마음에 보존되어서다. 제물을 따르고 그 마음을 잊는 자는 보통 사람이며, 마음에서 발하여 제물로 드러내는 자는 군자다. 그러므로 현자만이 제사의 뜻을 다할 수 있다고 말했다."

보씨가 말했다. "제사는 나의 정성과 공경으로 지낼 뿐이다. 그러므로 속마음으로부터 생겨난 것이라고 했다. 무릇 밖에 있는 제물은 바치는 것일 뿐이다. 그러므로 밖으로부터 온 제물이 아니라고 했다. 마음이 슬퍼서 예로써 받들며, 밖으로 제물은 따르고 안으로 그 마음을 잊어버리는 사람도 있을 것이다. 그러므로 현자만이 제사의 뜻을 다할 수 있다고 했다."

제사는 생시의 봉양을 따르고 효도를 이으려는 것이다. 효도는 간직하는 것이다. 도를 따르고 윤리를 거스르지 않으니, 이를 간직하는 것이라고 한다.

117

응씨가 말했다. "그 미처 다하지 못한 봉양을 따르고 그 다하지 못한 효를 잇는다. 축畜은 원래 기른다는 뜻인데, 또한 모아서 기른 다는 뜻도 있다.

유씨劉氏가 말했다. "어버이를 이미 멀어진 데에서 따라 봉양하며, 그 효도를 계속하여 잊지 않는다. 기른다는 간직한다는 것이다. 속 마음에 간직하여 잊지 않으니, 이것은 본성을 따르는 도에 순조로 워 하늘이 정한 윤리를 거스르지 않는 것이다. 『시경』에, '마음에 이 토록 사랑하면서, 어찌 말로 고하지 않으랴. 마음속에 품은 사랑, 어느 날인들 잊으리까'36라고 했으니, 이것이 간직한다는 뜻이다."

방씨가 말했다. "봉양을 따르며 효도를 잇는다의 봉양은 어버이 를 섬기는 일이며 효도는 어버이를 섬기는 도다. 따름은 그 지나간 일을 따른다는 것을 말하며, 이음은 그 끊어짐을 잇는다는 것을 말 한다. 효자가 그 어버이를 섬길 적에, 위로는 하늘의 도를 따르고 아 래로는 사람의 윤리를 거스르지 않으니, 이것을 간직한다고 말한 다. 공자가 '부자의 도는 천성이다'라고 했으니, 효가 하늘의 도를 따름을 알 수 있으며, 맹자가 '안으로는 부자父子가 사람의 큰 윤리 다'라고 했으니, 효가 사람의 윤리를 거스르지 않음을 알 수 있다."

118

---

36 「소아小雅, 습상隰桑」 편에 나온다. (넷째 장 : "마음에 이토록 사랑하면서[心乎愛矣] / 어 찌 말로 고하지 않으랴[何不謂矣] / 마음속에 품은 사랑[中心藏之] / 어느 날인들 잊으리까 [何日忘之].")

이 때문에 효자가 어버이를 섬김에 세 가지 도가 있다. 살아서는 봉양하고, 죽으면 상례하고, 상례를 마치면 제사지낸다. 봉양은 그 따름을 살펴보고, 상례는 그 슬픔을 살펴보고, 제사는 그 공경을 살펴보니, 때에 맞추어 이 세 가지 도를 다하는 것이 효자의 행실이다.

봉양은 따름을 주로 삼고, 상례는 슬픔을 주로 삼고, 제사는 공경을 주로 삼는다. 때라는 것은 때에 맞게 사모함이니, 예는 때를 중하게 여긴다.

방씨가 말했다. "뜻을 봉양하는 것을 최상으로 여기며, 입과 몸을 봉양하는 것을 최하로 여기니, 이것이 봉양의 순서다. 음성에서 터져 나와 의복에 드러나니, 이것이 상례의 슬픔이다. 신명神明과 교통하는 것은 제사의 공경이며, 그 소삭疏數을 조절하는 것이 제사의 때다. 공자가 '봉양에는 그 즐거움을 다하고, 상례에는 그 슬픔을 다하고, 제사에는 그 엄숙함을 다한다'라고 했다. 또 '봄가을에 제사하여 때맞추어 사모한다'라고 했으니, 그 말이 이것과 바로 합치한다. 이 세 가지는 모두 효자가 늘 행하는 것이기 때문에 도라고 말했으며, 행하여 볼만한 행적이 있기 때문에 효자의 행실이라고 말했다."

119

『논어』에서 말했다. "제사지낼 적에는 계신 듯이 하고, 신에게 제사지낼 적에는 신이 계신 듯이 한다."

정자程子가 말했다. "제사는 선조에게 제사지내는 것이며, 신에게 지내는 제사는 밖의 신에게 지내는 제사다. 선조에게 제사지내며 효를 주로 하고, 신에게 제사지내며 공경을 주로 한다."

주자朱子가 말했다. "이는 문인들이 공자가 제사를 지내는 성의誠意를 기록한 것이다. 공자가 선조에게 제사지내며 효심이 순전하고 독실하여 비록 죽은 자가 이미 멀어졌더라도 때에 맞게 추모하고 그리워하기를 음성과 모습을 대할 수 있는 듯이 하니, 효심을 다하여 제사를 지낼 수 있었다. 제사지내는 밖의 신은 산천山川이나 사직社稷이나 오사五祀 따위와 산림山林, 계곡溪谷의 신으로 구름과 비를 일으킬 수 있다. 이는 공자께서 관직에 있을 때다. 그 정성과 공경을 다하여 엄연히 신명이 와서 흠향하는 듯이 하면 더불어 교접한다. 선조에게 지내는 제사는 효를 주로 하고 신에게 지내는 제사는 공경을 주로 하나, 계신 듯이 하는 정성은 한가지다."

질문했다. "사람과 사물이 천지 사이에 있으며 낳고 또 낳아서 다하지 않는 것은 이理이고, 그 모여서 낳고 흩어져서 죽는 것은 기氣

입니다. 기가 모여 여기에 있으면 이理가 여기에 갖추어지니, 지금 기가 이미 흩어져 없다면 리는 어디에 깃들겠습니까. 그러나 저의 이 몸은 바로 조상의 유체遺體입니다. 할아버지의 기가 저에게 유전하여 없어진 적이 없습니다. 그 혼魂은 올라가고 백魄은 내려가 비록 이미 융화되어 없어졌더라도 저기에 뿌리를 둔 이理는 이미 멈춘 적이 없으며, 저에게 갖추어진 기氣도 다시 끊어지지 않았으니, 제가 정성과 공경을 다하여 제사를 지낼 수 있어 이 기가 이미 순일純一해져서 섞인 것이 없고 보면, 이 이理는 저절로 명확해져서 가릴 수 없습니다. 이것은 그 묘맥苗脈에서 분명히 관찰할 수 있습니다. 사람의 기가 자손에게 전해짐은 나무의 기가 열매에 전해지는 것과 같다고 했습니다. 이 열매를 전함이 끝이 없고 보면, 그 산의 나무가 비록 말라 훼손되어 남음이 없어도 기가 여기 있는 것은 오히려 그대로입니다. 이런 곳에서 실제의 일을 따라 미루어 보면 자연히 의미를 알게 됩니다."

공자가 말했다. "내가 제사에 참여하지 않으면 제사지내지 않은 것과 같다."

주자가 말했다. "제사지낼 때를 맞아 더러 유고가 있어서 참여하지 못하고 다른 사람을 시켜 대신하면, 그 계신 듯한 정성을 다할 수 없다. 그러므로 비록 제사는 지냈으나 이 마음이 서운하여 지낸 적이 없는 듯하다. 정성이라는 것은 실질이다. 정성이 있으면 모든 일이 다 있고, 정성이 없으면 모든 일이 다 없다. 만일 제사에 성의誠意가 있으면 유명幽明과도 바로 교통하며, 성의가 없으면 전혀 신명과 서로 교접하지 않아서 신명을 볼 수 없다. 오직 마음으로 그 정성과 공경을 다하여 오로지 한결 같이 제사지내는 신에게 마음이 있으면, 양양히 그 위에 있는 듯하고 좌우에 있는 듯한 신을 볼 수가 있다. 그렇다면 신이 있는가 없는가는 이 마음의 정성 여부에 달려 있다. 굳이 황홀한 사이에서 구할 필요는 없다."

범씨范氏[37]가 말했다. "군자의 제사는 7일 계戒하고 3일 재齋하여 반드시 제사지내는 대상을 보는 것은 정성이 지극해서이다. 이 때문에 교제郊祭에는 하늘의 신이 흠격歆格하고 사당 제사에는 사람의 귀신이 흠향하는데, 모두 자기를 말미암아 이루어진다. 그 정성이 있으면 그 신이 있고 그 정성이 없으면 그 신이 없으니, 조심하지 않을 수 있겠는가. 내가 제사에 참여하지 않으면 제사지내지 않은 것과 같으니, 정성은 실질이요 예는 허상이다."

증자曾子가 말했다. "상례를 신중히 하고 먼 조상을 추모하면 백성의 덕이 돈후한 데로 돌아갈 것이다."[38]

---

37 범씨范氏 : 범조우范祖禹(1041~1098)다. 자는 순부淳夫다. 당나라 300년간의 흥망성쇠를 『자치통감』의 기사를 토대로 서술하고, 거기에 편자 자신의 논평과 논단을 붙인 『당감唐鑑』을 편찬했다.
38 『논어』「학이學而」편에 나온다.
39 허씨許氏 : 허국許國이다. 자는 유정維楨이고, 시호는 문목文穆이며, 명나라 사람이다. 신종神宗 때 예부상서禮部尚書를 지냈다.

주자가 말했다. "상례를 신중히 함은 초상에 그 예를 다하는 것이요, 먼 조상을 추모함은 제사에 그 정성을 다하는 것이다. 대개 죽음은 사람들이 소홀하기 쉬운데 신중히 할 수 있고, 먼 조상은 사람들이 잊기 쉬운데 추모할 수 있음은 돈후하게 하는 방법이다. 그러므로 이것을 스스로 하면 자신의 덕이 돈후해지고, 아래의 백성이 교화되면 그 덕이 또한 돈후함으로 돌아간다."

허씨許氏[39]가 말했다. "보통 사람의 정으로는 어버이의 초상에 비통한 감정은 절실하나 경계하고 조심하는 마음은 더러 못 미치기도 하고, 먼 선조에게 지내는 제사는 공경의 마음은 넘치나 사모의 정은 더러 소홀해진다. 군자가 마음을 보존하면 마음을 여기에 더하여, 죽은 이를 보내며 발을 구르고 뛰며 울고 곡하는 정을 이미 다하고 또 죽은 이를 보내는 예를 신중히 하니, 예를 들어 『예기』의, '염습을 하며 몸에 닿는 것은 반드시 정성스럽고 미덥게 하고, 장사를 지내며 관에 닿는 것도 반드시 정성스럽고 미덥게 하여, 뒷날에 후회하는 일이 생기지 말도록 해야 한다'[40]는 따위다. 먼 선조에게 지내는 제사는 이미 효도와 공경의 뜻을 다하고 또 추모의 정을 지극히 하니, 예를 들어 『예기』에 이른바, '죽은 이를 제사지내는 자는 살고 싶어 하지 않아서 서리가 내리면 처창한 마음이 생기고 이슬이 적시면 두려운 마음이 생긴다'는 따위다. 또, 상례를 신중히 함은

---

40 『예기』 「단궁檀弓 상」에 "사람이 죽고 3일 만에 빈례殯禮를 행할 적에 시신屍身과 함께 입관入棺하는 물품들을 반드시 정성스럽게 하고 반드시 신실하게 하여 뒷날 후회하는 일이 없도록 해야 한다. 그리고 3개월이 지나 장사할 적에 관곽棺槨과 함께 배장陪葬하는 물품들을 반드시 정성스럽게 하고 반드시 신실하게 하여 뒷날 후회하는 일이 없도록 해야 한다[喪三日而殯 凡附於身者 必誠必信 勿之有悔焉耳矣 三月而葬 凡附於棺者 必誠必信 勿之有悔焉耳矣]"라는 말이 나온다.

슬픔 속에 공경이 있어서고, 먼 선조를 추모함은 공경 속에 슬픔이 움직여서다.

　이상의 『봉선잡의奉先雜儀』는 주문공朱文公의 가례家禮에 근본하고, 사마공司馬公과 정씨程氏의 제례 및 시속의 편의를 참고하여, 조금 더 하고 빼면서 힘써 간이簡易한 쪽을 따랐다. 이로써 한 집안의 예를 삼으면 대부분 오늘날 따르기에 마땅할 것이니, 지키면서 바꾸지 말 것이다.

　무릇 제사의 의리에는 근본根本이 있고 문식文飾이 있다. 근본이 없으면 서지 않고 문식이 없으면 행해지지 않는다. 마음에 보존된 것이 근본이며 사물에 드러난 것이 문식이다. 대개 반드시 문식과 근본이 함께 다해야 비로소 제사의 의리를 다했다고 할 수 있다. 마음에 보존된 것을 다하지 못한 것이 있다면 절문節文이 비록 갖추어 졌더라도 이 또한 헛될 뿐이다.

　그러므로 또 『예기』의 글과 성현의 말씀을 채집하며, 근본에 보답하고 먼 선조를 추모하는 의리를 밝힌 글이 있어서, 따로 한 편을 만들어 뒤에 붙인다. 인인仁人과 효자孝子가 이에 잠심하여 깊이 체득 한다면 마음에 뿌리내린 사랑과 공경이 유연히 일어나 스스로 멈추 지 못함이 있을 것이다.

가정 경술년(1550) 8월 갑자일에 여강 이언적은 삼가 쓴다.〔嘉靖庚
戌八月甲子 驪江李彦迪謹書〕

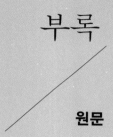

부 록

원문

일러두기

■ 부록으로 수록한 원문은 177쪽부터 거꾸로 읽어주십시오.

根於心者油然以發而自有不能已者矣嘉靖

庚戌八月甲子驪江李彥迪謹書

奉先雜儀卷之下

又曰慎終存存哀中之敬追遠動敬中之哀

右奉先雜儀本於朱文公家禮而參以司馬公

程氏祭禮及時俗之宜稍加損益務從簡易以

為一家之禮庶幾宜於今而遵守勿替云僃夫

祭祀之義有本有文無本不立無文不行有乎

心者本也著於物者文也盖必文與本無盡始

可謂之盡祭之義存乎心者有所未盡焉則節

文雖僃是亦虛而已矣故又採禮經之文及先

聖賢之言有明報本追遠之義者別為一篇以

附于後仁人孝子於此潛心而深體之則愛敬之

者人之所易忽也而能謹之遠者人之所易忘也
而能追之厚之道也故以此自為則已之德厚下
民化之則其德亦歸於厚也○許氏曰常人之情
於親之終悲痛之情切而戒慎之心或不及親遠
而祭恭敬之心勝而思慕之情或踈君子存心則
加於此送終既盡擗踊哭泣之情又慎喪死之禮
如禮記殯而附於身者必誠必信葬而附於棺者
必誠必信勿之有悔之類祭遠者既盡孝敬之意
又致追慕之情如禮記所謂祭死者如不欲生霜
露既降有悽愴之心兩露既濡有怵惕之心之類

事都無如祭有誠意則幽明便交無誠意便都不
相接神明不可見惟心盡其誠敬專一在於所祭
之神便見得洋洋如在其上如在其左右然則神
之有無在此心之誠不誠不必求之恍惚之間也

○范氏曰君子之祭七日戒三日齋必見所祭者
誠之至也是故郊則天神格廟則人鬼享皆由已
以致之也有其誠則有其神無其誠則無其神可
不謹乎吾不與祭如不祭誠為實禮為虛也

曾子曰慎終追遠民德歸厚矣

朱子曰慎終者喪盡其禮追遠者祭盡其誠蓋終

止息氣之具於我者復無間斷吾能盡誠敬以祭
之此氣既純一而無所雜則此理自昭晰而不可
掩此其苗脈之較然可觀者也曰人之氣傳於子
孫如木之氣傳於實此實之傳不泯則其生木雖
枯毀無餘而氣之在此者猶自若也此等處從實
事上推之自見意味

子曰吾不與祭如不祭

朱子曰當祭之時或有故不得與而使他人攝之
則不得致其如在之誠故雖已祭而此心缺然如
未嘗祭也誠者實也有誠則凡事都有無誠則凡

意孔子祭先祖孝心純篤雖死者已遠因時追思

若聲容可接得竭盡孝心以祀之祭外神如山川

社稷五祀之類與山林溪谷之神能興雲雨者此

孔子在官時也盡其誠敬儼然如神明之來格得

以興之接也祭先主於孝祭神主於敬而如在之

誠則一〇問人物在天地間其生生不窮者理也

其聚而生散而死者氣也氣聚在此則理具於此

全氣已散而無矣則理於何而寓耶然吾之此身

即祖考之遺體祖考之氣流傳於我而未嘗止也

其魂升魄降雖已化而無然理之根於彼者既無

方氏曰以養志為上以養口體為下此養之順也

發於聲音而見於衣服此喪之哀也所以交於神

明者祭之敬也所以節其疏數者祭之時也孔子

曰養則致其樂喪則致其哀祭則致其嚴又曰春

秋祭祀以時思之其言正與此合是三者皆孝子

之所常行故曰道行而有可見之迹故曰孝子之

行也

論語曰祭如在祭神如神在

程子曰祭祭先祖也祭神祭外神也祭先主於孝

祭神主於敬○朱子曰此門人記孔子祭祀之誠

之此畜之意也○方氏曰追養繼孝養為事親之

事孝為事親之道追言追其徃繼言繼其絕孝子

之事其親也上則順於天道下則不通於人倫是

之謂畜孔子曰父子之道天性也則孝之順於天

道可知孟子曰內則父子人之大倫也則孝之不

逆於人倫可知

是故孝子之事親也有三道焉生則養沒則喪喪畢

則祭養則觀其順也喪則觀其哀也祭則觀其敬而

時也盡此三道者孝子之行也　養以順為主喪以敬為主時

者以時思之

禮時為大也　時恩之

中出生於心也凡在外之物所以將之而已故曰

非物自外至者也心怵而奉之以禮外徇於物而

內忘其心者有之矣故曰唯賢者能盡祭之義

祭者所以追養繼孝也孝者畜也順於道不逆於倫

是之謂畜

應氏曰追其不及之養而繼其未盡之孝世畜固

為畜養之義而亦有止而畜聚之意焉○劉氏曰

追養其親於既逮繼續其孝而不忘畜者藏也中

心藏之而不忘是順乎率性之道而不逆天敍之

倫焉詩曰心乎愛矣遐不謂矣中心藏之何日忘

夫祭者非物自外至者也自中出生於心者也心怵

而奉之以禮是故唯賢者能盡祭之義<small>五經吉凶軍賓嘉之五禮</small>

<small>也心怵即前篇君子履之必</small><small>有怵惕之心謂心有感動也</small>

方氏曰盡其心者祭之本盡其物者祭之末有本

然後末從之故祭非物自外至自中出生於心也

心怵而奉之以禮者心有所感於內故以禮奉之

於外而已盖以其自中出非外至者也奉之以禮

者見乎物盡之以義者存乎心徇其物而忘其心

者衆人也盡於心而形於物者君子也故曰唯賢

者能盡祭之義○輔氏曰祭吾之誠敬耳故曰自

来衰以送往正謂是矣○陳氏曰君子之於親生

事之以禮故事之之日喜與懼半所謂父母之年

不可不知一則以喜一則以懼是也死祭之以禮

故祭之日樂與衰半所謂享之必樂已至必衰是

也已至必衰原其始也衰以送往要其終也

君子有終身之喪忌日之謂也忌日不用非不祥也

言夫日志有所至而不敢盡其私也

陳氏曰忌日親之死日也不用不以此日為他事

也夫曰猶此日也志有所至者此心拯於念親也

祭統曰凡治人之道莫急於禮禮有五經莫重於祭

世如欲色然言其想像親平生所愛之物如見親

有欲之之色也饗之必樂迎其来也已至而禮畢

則往矣故哀也□方氏曰事死如事生所謂祭如

在也思死如不欲生所謂至痛極世忌日必衰所

明發者自夜至光明開發時也祭之明日猶且如

謂有終身之喪也稱諱如見親所謂聞名心瞿也

此而況祭之正日乎於將祭而齊焉則逆思其所

以去故曰享而致之又從而思之祭之日樂與衰

孝者以其饗之必樂已至必衰故也饗之必樂則

樂致其来已至必衰則衰思其去前經言樂以迎

項氏曰以人而交於神非惻怛純至與之俱化者
不能達也故曰唯聖人為能享帝孝子為能饗親
仁人之心與天地為一體孝子之心與父母為一

人

文王之祭世事死者如事生思死者如不欲生忌日
必衰稱諱如見親祀之忠也如見親之所愛如欲色
然其文王與祭之明日明發不寐饗而致之又從而
思之祭之日樂與哀羊饗之必樂已至必哀
陳氏曰如不欲生似欲隨之死也宗廟之禮上不
諱下故有稱諱之時如祭高祖則不諱魯祖以下

曰立而不詘以其恃親是故謂之固進而不愉以

其憚親是故謂之疏薦而不欲若不得已而後薦

世不愛莫大於是退立而不如受命敖也凡祭以

齊為本方祭嬺於不愉祭已嬺於不齊已徹而忘

之是之謂忘本

唯聖人為能饗帝孝子為能饗親饗者鄉也鄉之然

後鬼饗焉是故孝子臨尸而不怍薦尸薦豆薦齊羞

其歆也愉愉乎其忠也勿諸其欲其饗之也臨尸不怍

則其鄉親之心致愛致慈可知矣齊齊肅肅之貌愉

愉其忠有和順之實也勿勿猶勉勉也諸語辭猶然

世

不愛也退而立如將受命則順聽而無所忽故
退立而不如受命教也已徹而退敬齊之色不絕
於面則慎終如始矣故已徹而退無敬齊之色而
怠本也○慕容氏曰君子以所性為本故能達而
為容貌敬齊之色不絕於面有本者如是也今無
焉是怠其本也心勿怠則有本本存則有其容矣
此表裏之符也視其容如此則知非有本者故曰
如是而祭失之矣由前而祭則可知其心以徇其
本故也由後而祭則失之以喪其本故君子務
本所謂本者孝而已故其言必本於孝子○陸氏

不愉疏也薦而不欲不愛也退立而不如受命教也

已徹而退無敬齊之色而忘本也如是而祭失之矣

方氏曰孝子之祭可知者言觀其祭可以知其心

也立之者方待事而立也進之者既從事而進也

薦之者奉物而薦也退而立者進而復退也已徹

而退者既薦而後徹也盖退而立則小退而立已

徹而退則於是乎退焉此其所以異也立之敬以

詘則身之詘而為之變焉故立而不詘固也進之

敬以愉則色之愉而致其親焉故進而不愉疏也

薦之敬以欲則心之欲而冀其享焉故薦而不欲

温者有愉色也容貌温者有婉容也早靜以正者
有深思也蓋有愉色則若將及之故行必恐有婉
容則若將聽之故身必諭有深思則若將見之故
立必正陶陶者其氣和也遂遂者其志得也愍善
於內而言不違身者以其有應於外耳目在外而
言不違心者以其有主於內內外定而後為愛親
之至

孝子之祭可知也其立之也敬以諭其進之也敬以
愉其薦之也敬以欲退而立如將受命已徹而退敬
齊之色不絕於面孝子之祭也立而不諭固也進而

語而未之然於其徃也如將不見然及既徃也又
如將復入然則是孝子之思其親無物足以愉其
心無時可以絕其念如懼不及愛然即前經所謂
致愛則存是矣如語焉而未之然即所謂如親聽
命是矣如將弗見然即所謂如將失之是矣如將
復入然即所謂又從而思之是矣愛者愛其親也
懼不及愛者懼愛親之心有所未至也語者親之
語也語而未之然如親欲有所語而未發也陶陶
言思親之心存乎内遂遂言思親之心達乎外怭
後猶如此者以其如將復入故也〇葉氏曰顔色

吾之心篤吾之誠非與神明交之道也

孝子將祭祀必有齊莊之心以慮事以具服物以修
宮室以治百事及祭之日顏色必溫行必恐如懼不
及愛然其奠之也容貌必溫身必詘如語焉而未之
然宿者皆出其立卑靜以正如將不見然及祭之後
陶陶遂遂如將復入然是故慈善不違身耳目不違
心思慮不違親結諸心形諸色而術省之孝子之志
也慈善不違身周旋升降無非敬也耳目不違心所
聞所見不違心得以亂其心之所存也結者不可解之
意術典述同術省猶
偹省也謂每事思省

方氏曰於其來也如懼不及愛然及既來也又如

也故曰存慤則誠也故曰著存雖若存於內著雖

若著於外然誠不可以內外言故終之以著存不

忘於心著存不忘乎心則洋洋乎如在其上如在

其左右不可度思矧可射思夫安得不敬乎又曰

一息不敬則絕于理絕于理則辱其親矣故生則

敬養死則敬享是乃思終身弗辱也

孝子將祭慮事不可以不豫比時具物不可以不備

比時及時也謂當行禮之時具物陳設

盧中以治之器饌之屬虛中清明在躬心無辅合也

輔氏曰事不可以不豫慮物不可以不先備及祭

則虛中以治之耳一有不豫一有不備則有以動

與享祗以辱親而已

方氏曰色不忘乎目常若承顏之際也聲不絕乎
耳常若聽命之際也愛言追念之思慈言想見之
誠致其愛矣親雖已而猶存致其慈矣神雖微而
猶著孔子曰祭如在祭神如神在非謂是歟○輔
氏曰天地之性人為貴人之行莫大於孝乃人之
心也先王能存其心故父母之容色自不忘於目
父母之聲音自不絕於耳父母之心志嗜欲自不
忘乎心此固非勉強矯拂之所能然也亦致吾心
之愛與敬而已故曰致愛則存致慈則著愛則心

張子曰僾然見乎其位愀然聞乎其歎息齊之至

則祭之日自然如此○馬氏曰入廟而升堂則僾

然見乎其位薦腥而出戶則肅然必有聞乎其容

聲已薦出戶而聽則愾然必有聞乎其歎息之聲

此祭之序也僾然言其貌蕭然言其容愾然言其

氣

是故先王之孝也色不忘乎目聲不絕乎耳心志嗜

欲不忘乎心致愛則存致慤則著著存不忘乎心夫

安得不敬乎君子生則敬養死則敬享思終身弗辱

也致愛挺其愛親之心也致慤挺其敬親之誠也存

也以上文三者不忘而言著以上文見乎其位以下

以欲惡哀樂二其心而致一於其所發故無形之

中視有所見無聲之中聽有所聞皆其思之所能

達親之居處笑語志意樂嗜往而不反非有實也

夫豈形體之所能交我思之所至足以通之矣齊

之三日乃見其所為齊者言思之至者如見其存

微之顯誠之不可揜也如此

祭之日入室僾然必有見乎其位周還出戶肅然必

有聞乎其容聲出戶而聽愾然必有聞乎其歎息之

聲入室入廟室也僾然彷彿之貌見乎其位如見親

聲之在神位也容聲舉動容止之聲也愾然太息之

聲也

則所以齊其外也夫散者集之則一歸乎定故散

齊七日以定之致其至焉則未始不齊故致齊三

日以齊之定言定於外齊言齊其内

祭義曰致齊於内散齊於外齊之日思其居處思其

笑語思其志意思其所樂思其所嗜齊三日乃見其

所為齊者先思其粗漸思其精故
居處在前樂嗜居後

方氏曰齊於内所以慎其心齊於外所以防其物

散齊者所謂不飲酒不茹葷之類齊三日則致齊

而已必致齊然後見其所為齊者思之至故也 ○

慕容氏曰心之官曰思思有所至則無所不達夫不

專致其精明之德也故散齊七日以定之致齊三日

以齊之定之之謂齊齊者精明之至也然後可以交

於神明也　物猶事也不苟應不苟動皆所謂防也

方氏曰夫齊所以致一則不齊者齊矣齊固

不止於耳不聽樂然樂者人之所樂也則所以散

其志尤在於樂故也不爲物所貳故其德精不爲

物所蔽故其德明致者致其至而巳精之至矣故

於祭之心則爲精意精志明之至矣故於祭之道

則爲明禋明享焉心不苟慮與託其嗜欲之類則

所以齊其內也若手足不苟動與防其邪物之類

露既濡則萬物感陽以生霜露既降則萬物感陰

以死萬物以生之時君子不忍致死於其親且謂

其與物而來矣故樂以迎之萬物以死之時君子

不敢致生於其親且謂其與物而往矣故哀以送

之孝子之祭有送往之哀而不及樂是謂弗仁有

迎來之樂而不及哀是謂弗智

祭統曰及時將祭君子乃齊齊之爲言齊也齊不

以致齊者也及其將齊也防其邪物訖其嗜欲耳不

聽樂故記曰齊者不樂言不敢散其志也心不苟慮

必依於道手足不苟動必依於禮是故君子之齊也

祭義曰霜露既降君子履之必有悽愴之心非其寒

之謂也春雨露既濡君子履之必有怵惕之心如將

見之樂以迎來哀以送往故禘有樂而嘗無樂　天子
諸侯

禘有樂而於　嘗無樂禘讀為礿
宗廟之祭春礿夏禘秋嘗冬烝饗

鄭氏曰迎來而樂樂親之將來也送去而哀哀其

享否不可知也○方氏曰於雨露言春則知霜露

之為秋矣霜露言非其寒則雨露為非其溫之謂

矣雨露言如將見之則霜露為如將失之矣蓋春

夏所以迎其來秋冬所以送其往也○黃氏曰雨

可如此今後可與墓前一樣羹臭鮓脯飯茶湯各
一器以盡吾寧親事神之意勿令其有隆殺○夫
人死之後葬形於原野之中與世隔絕孝子追慕
之心何有限極當寒暑變移之際蓋用增感是宜
省謁墳墓以寓時思之敬凡祭祀品味亦稱人家
貧富不貴豐腆貴在修潔祭饗極誠愨而已如
事存祭祀之時此心致敬常在乎祖宗而祖宗洋
洋如在安得不裕我之誠而歆我之祀乎

奉先雜儀卷之上

土布席陳饌降神參神三獻

祝辭云某官姓名敢昭告于后土氏之神某恭脩歲事于其親某官府君之墓維時保佑實賴神休敢以酒饌敬伸奠獻尚饗

辭神乃徹退

朱子曰祭儀以墓祭節祠為不可然先正皆言墓
祭不害義理又節物所尚古人未有故止於時祭
今人時節随俗宴飲各以其物祖考生存之日盖
當用之今子孫不廢此而能恝然於祖宗乎○祭
祀之禮亦只得依本子做誠敬之外別未有着力
處也○嘗書戒子云比見墓祭土神之禮全然滅
裂吾甚懼焉既為先公托體山林而祀其主者豈

按文公家禮忌日止設一位程氏祭禮忌日配祭
考妣二家之禮不同盖止設一位禮之正也配祭
考妣禮之本於情者也若以事死如事生鋪遂設
同几之意推之禮之本於情者亦有所不能已也

墓祭

按家禮墓祭三月上旬擇日行之今世俗正
朝寒食端午秋夕皆詣墓拜掃今且從俗行
之可也

前一日齊戒具饌如時祭之品更設魚肉米
麵食各一盤以祭后土

掃環視哀省三周其有草棘即以刀斧鉏
地灸墓記復位再拜又除土

主人時帥執事者詣墓所再拜奉行
塋域内外環繞哀省三周其有草棘即以刀斧鉏
斬夷域内外

布席陳饌前設新潔饌於墓前席陳家祭之儀

濯掃記復位再拜又除土

儀參神降神初獻亞獻終獻並以告子孫之辭神乃徹遂祭后土
地灸墓記復位再拜又除土草祭后土於墓之左序但祝詞云某親某官府君之墓時思忌特觀某官墳墓之禮但祝視時易以某親某官

掃封塋並同亞獻終獻親朋子孫之辭神乃徹遂祭后土
戒諭親屬同亞獻

前一日齊戒設位陳器具饌厥明夙興設蔬果酒饌

如祭禰之儀質明主人以下變服白團領素帶有官則烏帽角帶補則布裹角帶亭親則白深衣黑帶主婦白大衣俟黃帔餘人皆白衣去華盛之服詣祠堂奉神主

出就正寢君遠諱之如祭禰之儀但告神詞主出就正寢辟之盡敢請神云今以某親某官府君追遠感歲

慕餘參神降神進饌初獻如祭禰之儀序遷易辟之儀但並同

時不勝永慕考妣改不勝永慕為昊天罔極辟親云辟日後臨不勝感愴若考妣則祝興主人以下哭盡

哀餘並同亞獻終獻侑食闔門啟門如祭禰不受胙之儀辭神納

主徹儀並如祭禰之是日不飲酒不食肉不聽樂素服餘並同

素帶以居夕寢于外是日君子有終身之喪忌日之謂也如居喪此所以不餞

季秋祭禰程子曰季秋成物之始亦象其類而祭之

前一月下旬卜日如時祭之儀但告于祠堂祝詞云孝子某將以季秋成物之始有事于考某官府君卜其日如時祭之儀但止於正寢合設兩位

前三日齊戒如時祭之儀

前一日設位陳器如時祭之儀但設兩位具饌如時祭之儀二分

厥明夙興設蔬果酒饌如時祭之儀質

明盛服詣祠堂奉神主出就正寢

參神降神進饌初獻如時祭之儀但祝辭云孝子某敢昭告于考某官府君妣某封某氏餘並同

亞獻終獻侑食闔門啟門受胙辭神納主徹餕並如時祭之儀

忌日

祖氏祀先几例祖考忌日則只祭祖考及祖妣祖妣忌日則只祭祖妣及祖考乃請神主

在盖従他筆中者皆入于瓶鐵封之所謂福酒餞曰是

果蔬肉食並傳于燕筆主婦監諸祭而藏之遺儀

主人餽胙分祭胙於親友遂設席男女異豐獻内外尊長壽

如書餽胙不足則以他俎他餽益之將罷主人頒胙

于外儀酒饌主婦頒胙于内執事者徧及徽賤其日皆盡

愛者皆再拜乃徽席

朱子曰凡祭主於盡愛敬之誠而已貧則稱家之有

無疾則量筋力而行之財力可及者自當如儀

按程子言高祖有服不祭甚非文公家禮祭及高

祖盖亦本於程氏之禮也然禮大夫三廟士二廟

無祭及高祖之文故朱子亦以祭高祖為僭且今

國朝禮典六品以上祭三代可違也竊意高祖

雖無廟亦不可廢其祭春秋俗節率其意高祖

孫詣墓祭之廬無違禮意而亦不忘本也

禰得祭惟支子不祭

繼禰之宗以上皆

主人升搢笏執徙就斟諸位之酒皆
束南主婦升搢笏扱匙飯斟正筯皆于香案之西南
拜皆降復位再升位出就祝之西向象史夫
省降向復再位闔門簾主人以下皆出於門東西向眾史夫
在其後如亡尊丈則少休於他所者位亦使子婦進之
在其後如有尊丈則少休於他所婦女啟門乃祝聲三噫歆主人
主婦奉下茶皆入其于諸考妣之前就位者入乃啟門乃祝聲三噫歆受
主人以奉下茶皆分入其于諸考妣之前就位者入使子孫進主人
胙考前以祭酒啐酒卒爵祝命工祝稼祖
各笏受許奉盞以詣孝孫之左嘏取匙諸位之飯并抄取諸位之飯命祝受飯
于丑告致多福永年勿替引之孝孫使祝執笏置酒于席前出笏受飯諸位之祝曰宜稼祖
承少壽福飯亦如之主人受飯嘗之擩于豆取菹擩于醢卒食祝命工祝稼祖諸位之祝曰宜稼祖
伏興再拜搢笏如跪主人執笏取酒啐飯飯于席前出席祝前跪詰工祝稼
置興旁立者於西階上東向主人向告利成降復位辭神下主人再拜以
西向莊位者於西階上東向主人不拜降復位辭神主婦徹酒之盞
位與莊位者於西階上主婦皆升奉歸祠堂如來儀主徹主婦徹酒之盞
拜納主人以笏欲擴奉歸祠堂如來儀主徹徹酒之盞

煠肉之斛主人搢筯奉曾祖考盤盞位前東向立執姒事

盞亦如主之位前地向主左右主執人受曾祖考姒盤盞之考姒等盞之上

盞跪于主之位前跪授執事者又跪執事受曾祖之考姒盤盞之上

以盤盞跪授執事少退跪執事故慶受炙曾祖考姒盤以摽盞盛之上

出筯俛伏興少退跪執事故慶受炙曾前于祖考姒盤以摽盞盛之兄

人之左讀一曰人維奉之眞貢于曾祖朝日考孝曾祖孫某祝取版某敢於昭主

時維仲春追考某歲時不勝永慕敢某封姓氏官品第流易盛

告于曾祖考某追食尚饗歲時君曾低愒伏歲興退諸諸位府獻祝

醴齊鹺牲則曰祔食尚饗主人低鷹歲伏退詣諸親位官府

君某封某氏則曰祔食不為亞終獻者以他笔徽畢酒置盞天故荒

如初之南祔位再拜降復位亞終事者以他酌酒為盞置天孫

廈○祖前藉祔者孝孫叔父祔于曾祖兄弟祔永于慕祖為吳孫

間○凡祔者伯叔父祔于曾祖兄弟祔永于祖子孫

無則不言以某親祔食本位　亞獻主婦及為分之獻諸如婦初獻

讀祝儀但不　終獻子弟奉之長肉及分獻如亞獻為儀　侑食

按程氏祭禮主祭者盥帨詣祠堂奉諸位神主置
于盤令子弟各一人奉至祭所主婦以下不詣

參神 主人主婦以下叙拜 **降神** 主人升搢笏焚香出笏少退

瓶口斟酒于盞盡空并拜 降神跪執事者開

右執盞濯于茅上以盤授執事者出笏俛伏與再

口斟酒于盞進于主人之右主人受之跪

立如儀立定再拜 降神跪執事者開酒取巾拭

酹酒于茅上以盤盞授執事者出笏俛伏與

復位 拜降神

拜位降

楊氏曰降神酹酒是盡傾初爵取高祖考妣盞祭
之茅上者代神祭也禮祭酒小傾於地祭食於豆
神間皆代祭也

進饌 主人主婦升主人搢笏奉魚肉一人以盤奉羹飯從升詣曾
祖位前主人西主人奉羹奠于盞盞之南主婦奉米麫食
奠于肉西主人奉魚奠于醋楪之東主婦奉飯于盤盞之南
奠于魚東主人出笏以次詣諸正位使諸子弟各設祔
盞之西主人奉羹奠于醋諸楪之東使諸子弟各設祔
位皆單主人以 **初獻** 主人執酒詣立于曾祖位前執事者一人
下皆降復位 初獻人主人升詣曾祖位前其右冬月即尤

飯各一，挽肌之前勿令人先食，及為猫犬蟲鼠所汚也。末

厥明夙興，設蔬果酒饌。盥手。

脯醢相間次之。設盞盤醋楪於逐位卓子南端。蔬菜、脯

居中。設玄酒及酒各一瓶於架上。玄酒取井花

水充在酒之西。熾炭于爐，實水于瓶。

祭饌皆令極熟，以合盛出置東階下大桮上煖之。

質明

奉主就位。主人以下各盛服盥手帨手，如朝日之儀。盥手詣祠堂前，升自阼階。

啓櫝奉諸考神主出就位。主人搢笏啓櫝，奉諸考神主出就位。主婦

君官府君、曾祖妣某封某氏、祖考某官府君、祖妣某封某氏、考某官府君、妣某封某氏。敢請神主出就正寢，恭伸奠獻。

告辭曰：孝孫某今以仲春之月有事于曾祖考某官府君曾

正位祔位各置一椅一卓，各以執事者一人捧之，主人搢笏啓櫝奉之。

恭伸導引至正寢，置于西階卓子上。主婦盥帨升，奉諸妣神主亦如之。

諸考神主至正寢就位。主婦盥帨升奉諸祔位神主，亦如之。

既畢主人以下皆降復位。

按程子之論，有異於觀之。此心固無所不至，此心益切，安得不思。一乃專致其精明之德，乃可支於神明之所為也。至於將祭之意，蓋孝子至於齊之日，則怵然必有見乎其位，愀然然必有聞乎其容聲。齊者精明之至也。思其居處，思其笑語，思其志意，思其所樂，思其所嗜。此孝子平日之思慕之意。

前一日設位陳器

前一日，主人帥眾丈夫深衣，及執事，洗拭倚卓，務令蠲潔，灑掃正寢，滌濯祭器，潔釜鼎，具祭饌。設高祖考妣位於堂西北壁下，南向。考西妣東，皆如曾祖考妣、祖考妣、考妣，以次而東，皆如高祖之位，世各為位，不屬。祔位皆於東序，西向北上，或兩序相向，其尊者居西。妻以下則於階下。

設香案於堂中，置香爐香合於其上。束茅聚沙於香案前，及逐位前地上。設酒架於東階上，別置卓子於其東，設酒注一、酹酒盞一、盤一、受胙盤一、匙一、巾一、茶合、茶筅、茶盞、托、鹽楪、醋瓶於其上。火爐、湯瓶、香匙、火筋於西階上，別置卓子於其西，設祝版於其上。設盥盆、帨巾各二於阼階下東南，其西者有臺架。又設陳饌大牀于其東。

省牲、滌器、具饌。主人帥眾丈夫深衣，省牲涖殺。主婦帥眾婦女背子，滌濯祭器，潔釜鼎，具祭饌，每位果六品，蔬菜及脯醢各三品，肉、魚、饅、糕食各一盤，羹飯各一椀，肝各一串，肉各二串。

程氏祀先儀註祭祀日期就仲月
日或用春分夏至秋分冬至亦可○
按家禮卜日之儀若至旬中旬之日或不吉則直用下
旬之日告于祠堂上旬之日或用二及時二至為今便依
程氏儀註祭則不能無祭或有疾病事故而
不得行之

前期三日齊戒　主人帥眾丈夫致齊于外　主婦帥眾婦女致齊于內沐浴更衣

飲酒不得至亂食肉不得茹葷不弔
之事皆不得預○程氏祭散齊吊喪二日致齊一日

祭義云齊之日思其居處思其笑語思其志意思
其所樂思其所嗜齊三日乃見其所為齊者專致
思於祭祀也○程子曰此孝子平日思親之心非
齊也齊不容有思有思非齊齊者湛然純一方能
與鬼神接

百世不改其第二世以下祖親盡及小宗之家高
祖親盡則遷其主而埋之其墓田則諸位迭掌而
歲率其子孫一祭之亦百世不改也　楊氏曰家禮
藏其主於墓所喪禮大祥章亦云若有親盡之祖則
而其別子也則祝版云告畢而遷于墓所不埋
夫藏其主於墓所而不埋則
墓所必有祠堂以奉墓祭則

四時祭

繼曾祖之宗則祭曾祖以下考妣繼祖之宗
則祭祖以下考妣繼禰之宗則祭考妣二位
而已○或問禮大夫三廟今士庶人家亦祭
三代却是違禮朱子曰雖祭三代却無廟亦
不可謂之僣

時祭用仲月前旬卜日亥詣祠堂卜之其禮詳見家
擇仲月三旬各一日或丁或

於其東置淨水粉盞刷子硯墨筆於其上餘並同

但祝版云奉其月某日教書贈故其親某官故其

親封其封承先訓竊位以于朝秩命恩慶有此褒

贈禄不及養摧咽難勝謹以後同若因事特贈則

別為丈以敘其意告畢再拜俟命善書者改題

執事者洗去舊字別塗以粉俟乾命

所贈官封陷中不改洗水以灑祠堂之四辟主人

奉主置故處乃降復位後同○冠婚及生嫡長子

一版自稱以其最尊者為主止告正位不告祔位

皆有告禮詳見家禮○告事之祝諸姑姊位共為

茶酒則

并設之則

或有水火盜賊則先救祠堂遷神主遺書次及祭器

然後及家財易世則改題主而遞遷之

按家禮大宗之家始祖親盡則藏其主於墓所而

大宗猶主其墓田以奉其墓祭歲率宗人一祭之

生者則飲食宴樂隨俗自如非事死如事生事亡

如事存之意也後世俗正朝寒食端午秋夕皆詣

堂薦食仍詣墓前奠拜若墓遠則

前二三日詣墓所齊宿奠拜亦可掃今不可偏廢是日晨詣祠

有事則告

如正至朝日之儀但獻茶酒再拜訖主婦先降復

位主人跪於香卓之南祝執版跪於主人之左讀

之畢興主人再拜降復位餘並同維年歲月朔日子某官某

孝子某官某敢昭告于故某親某官府君告授官祝版云

其親某封某氏某以某月某日蒙恩授某官奉承

先訓獲霑祿位餘慶所及不勝感慕若降則言

伸慶告謹告敗則言某官某餘同皇恐無

地謹以後同若孝子則言某之某餘同先訓皇恐無

贈則止告所贈若孫子則别設香卓於龕前又設一告卓追

黑帶婦人則
大衣長裙人則

俗節則獻以時食

節如寒食端午中秋重陽之類凡鄉俗所尚者時

食凡其節之所尚者薦以大盤間以蔬果禮如正

至朔日之儀○朱子曰今日俗節古所無有故古

人雖不祭而情亦自安今人既以此為重至於是

日必具殽羞相宴樂而其節物亦各有宜故世俗

之情至於是日不能不思其祖考而復以其物享

之雖非禮之正然亦人情之不能已者且古人不

祭則不敢以燕况今於此俗節既已據經而廢祭

盞盤左執盤右執盞酹于茅上以盞盤授執事者

出笏俛伏興少退再拜降復位與在位者皆再拜

參神主人升擂笏執注斟酒先正位次祔位次命

長子斟諸祔位之卑者主婦升執茶筅執事者執

湯瓶随之點茶如前命長婦或長女亦如之子婦

執事者先降復位主人出笏興主婦分立於香卓

之前東西再拜降復位與在位者皆再拜辭神而

退○望日不設酒主人點茶長子佐之先降主人

立於香卓之南再拜餘如上儀　司馬溫公影堂雜

儀月朔具茶酒常

食數品望日不設食○凡言盛服者有官則公服
襆笏無公服則黑團領鈔帽品帶無官者黑團領

位於主婦之左少前重行東上諸弟在主人之右

必退子孫外執事者在主人之後重行西上主人

弟之妻及諸妹在主婦之左少退子孫婦女内執

事者在主婦之後重行東上立定主人盥帨升搢

笏啓櫝奉諸考神主置於櫝前主婦盥帨升奉諸

妣神主置于考東次出祔主亦如之命子弟盥帨

升分出諸祔主之卑者皆卑執事者以盤奉魚肉

米麪食飯羹以進主人主婦以次奠于諸考妣位

前主婦以下先降復位主人詣香卓前降神搢笏

焚香執事者盥帨斟酒于盞詣主人之右主人受

低首至地肅拜也今但屈
其膝直其身失其義也

正至朔望則參

前一日灑掃齋宿嚴明夙興開門軸簾每龕設蔬
果一大盤於卓上每位茶盞托酒盞盤各一於神
主櫝前設束茅聚沙於香卓前別設一卓於阼階
上置酒注盞盤一於其上酒一瓶於其西盥盆悅
巾各二於阼階下東南主人以下盛服入門就位
主人北面於阼階下主婦北面於西階下主人有
母則特位於主婦之前主人有諸父諸兄則特位
於主人之右少前重行西上有諸母姑嫂姊則特

主人晨謁於大門之內有新物則薦之

主人謂宗子主祭者晨謁深衣焚香再拜有新物

則薦以小盤啓櫝焚香再拜　司馬溫公影堂雜儀

于影　有時新之物則先薦

堂

出入必告

主人主婦近出則入大門瞻禮而行歸亦如之經

宿而歸則焚香再拜遠出經旬月以上則再拜焚

香告云某將適某所敢告又再拜而行歸亦如之

餘人亦然　主婦及餘人雖尊長亦由西階○或門　主人之妻允升降惟主人由阼階

古者婦人以肅拜為正何謂肅拜朱子曰兩膝齊

跪手至地頭不下為肅拜張子曰婦人之拜尚者

伯叔父母祔于曾祖妻若兄弟若兄弟之妻祔于

祖子姪祔子父皆西向主櫝並如正位姪之父自

立祠堂則遷而從之程子曰無服之殤不祭下殤之祭終兄弟之身中殤之祭終兄弟之子之身下殤之祭終兄弟之孫之身無後者其祭終兄弟之身成人而無後者其祭終兄弟之子之身此皆以義起者也

○八歲至十一為下殤十二至十五為中殤十六至十九為長殤

置祭田具祭器

初立祠堂則計見田取其二十之三以為祭田宗

子主之以給祭用牀席倚卓酒食之器随其合用

之數皆具貯於庫中而封鎖之不得他用無庫則

貯於櫃中不可貯者列於外門之內

奉先雜儀卷之上

立祠堂於正寢之東以奉先世神主

祠堂之制三間中門外為兩階東曰阼階西曰西

階神主皆藏於櫝中置於卓上各為一龕南向外

為小簾簾外設香卓於堂中置香爐香合於其上

又為遺書衣物祭器庫及神厨於其東繚以周垣

別為外門常加扃閉童孩婦女不得襄近若家貧

地狹則止立一間不立厨庫凡屋之制但以前為南後為北左為東右

旁親之無後者以其班祔為西後皆倣此○凡祠堂所在之宅宗子世守之不得分析

봉선잡의

ⓒ 김윤규 신상구 이지락

초판인쇄 2014년 12월 19일
초판발행 2014년 12월 27일

지은이 이언적
옮긴이 김윤규 신상구 이지락
펴낸이 강성민
편집 이은혜 박민수 이두루
편집보조 유지영 곽우정
마케팅 정민호 이연실 정현민 지문희 김주원
온라인 마케팅 김희숙 김상만 한수진 이천희

펴낸곳 (주)글항아리 | 출판등록 2009년 1월 19일 제406-2009-000002호

주소 413-120 경기도 파주시 회동길 210
전자우편 bookpot@hanmail.net
전화번호 031-955-8897(편집부) 031-955-8891(마케팅)
팩스 031-955-2557

ISBN 978-89-6735-173-1 93100

글항아리는 (주)문학동네의 계열사입니다.

이 도서의 국립중앙도서관 출판예정도서목록(CIP)은 서지정보유통지원시스템 홈페이지(http://seoji.nl.go.kr)와 국가
자료공동목록시스템(http://www.nl.go.kr/kolisnet)에서 이용하실 수 있습니다. (CIP제어번호 : CIP2014037373)